スイーツとオーガニックフードを楽しむ

歩粉の
ポートランド＆
バークレー案内

磯谷仁美

はじめに

　恵比寿で約9年間営んでいた小さなデザートのお店「歩粉（ほこ）」をたたみ、アメリカに渡ったのは2015年の3月末のこと。それから2017年12月まで、アメリカのオレゴン州・ポートランドと、カリフォルニア州・バークレーに住んでいました。
　ホームステイの暮らしは、旅行ではないので日々節約生活です。長い道のりをバスに乗らずに自転車で移動したり、生活用品の備品をガラクタだらけのリサイクルショップで探したり。そんな中でも唯一の自分へのご褒美が「1日1回の甘いもの」。「次の休日はこの店に行ってみよう」「今日はファーマーズマーケットのあの店のスコーン」という風に歩きまわり、「この味が最高！」「こんな食感初めて！」と、誰かに伝えたい気持ちをずっとストックしてきました。そして日本から友人が旅行がてら訪ねてきたときに、それらを紹介するのが何よりの喜びでした。
　この本では、ポートランドとバークレーを含むベイエリア（サンフランシスコを中心としたサンフランシスコ湾の湾岸地帯、オークランド、バークレーなどをまとめた総称）にあるお気に入りのお店たちを、同じ場所に旅をしようとしている友人に「ここがおすすめだよ」と伝えるような気持ちで、紹介しています。
　私の好きなお店に共通しているのは、働いている人たちの生き方や暮らしぶりが、そのままお店の空気に反映されているような場所だということ。ポートランドの大好きなカフェ「スウィーディーディー」（P.026）のオーナー・エロイーズが「仕事も大事だけど、大好きな人たちと一緒にゆっくり過ごす時間も、同じくらい大事」と話してくれたことが忘れられません。自分のお店を持って維持していくのは大変なことですが、どの店も「店を営むのは、自分で生き方を決められる自由があること。かつ人のしあわせそうな顔を見るのが、何よりも自分の喜びだから」と語ってくれました。
　そして多くのお店が「ローカリゼーション」を大切にしています。なるべく自分たちに近い生産者さんから素材を手に入れ、お互いにリスペクトし合いながらメニューを決めていく。オーガニック食品（化学合成された肥料、農薬、飼料を使わない農作物や肉、魚、添加物を入れていない食料品のこと）への意識も、非常に高い。関わる人を大切にし、自分自身も大切にしていく。そういう彼らの在り方は、これからの私の生き方に、ものすごく大きな影響を与えたと思います。
　ポートランドとベイエリア、私の大好きな場所を、この本を読んでくれた人とシェアできたら、こんなにうれしいことはありません。グッドラック！

CONTENTS

- 002 はじめに
- 008 東京から、ポートランド&バークレーへ
- 016 アメリカのオーガニック事情

Part 1 | PORTLAND
ポートランドショップガイド

- 020 ポートランドの歩き方

022	**Tabor Bread** テーバーブレッド	056	**Little T American Baker** リトルティーアメリカンベーカー
026	**Sweedeedee** スウィーディーディー	060	**P's & Q's Market** ピーズアンドキューズマーケット
028	**Lauretta Jean's** ロレッタジーンズ	061	**Screen Door** スクリーンドア
030	**Coquine** コキーヌ	062	**Navarre** ナヴァー
032	**Milk Glass Mrkt** ミルクグラスマーケット	064	**Luce** ルーチェ
034	**Vivienne Kitchen & Pantry** ヴィヴィアンキッチンアンドパントリー	066	**Canteen** キャンティーン
036	**Back to Eden Bakery** バックトゥーエデンベーカリー	068	**Tasty n Sons** テイスティーンサンズ
038	**Pip's Original Doughnuts & Chai** ピップスオリジナルドーナツアンドチャイ	070	**Eb & Bean** イービーアンドビーン
040	**Måurice** モーリス	072	**Salt & Straw** ソルトアンドストロー
042	**Bakeshop** ベイクショップ	074	**Ruby Jewel** ルビージュエル
046	**Courier Coffee Roasters** クーリエコーヒーロースターズ	075	**Fifty Licks** フィフティーリックス
048	**Cup & Bar** カップアンドバー	076	**People's Food Co-op** ピープルズフードコープ
050	**Roman Candle Baking Co.** ローマンキャンドルベーキングコー	078	**New Seasons Market** ニューシーズンズマーケット
051	**Grand Central Bakery** グランドセントラルベーカリー	080	**PSU Farmers Market** ピーエスユーファーマーズマーケット
052	**Woodlawn Coffee & Pastry** ウッドラウンコーヒーアンドペイストリー	086	**Portland Mini Guide** ポートランドミニガイド
054	**Seastar Bakery** シースターベーカリー		

PEOPLE IN PORTLAND ポートランドの素敵な人

- 044 **Teri Gelber / T Project** テリー・ゲルバー／ティープロジェクト
- 058 **Earnest & Yuri Migaki / Jorinji Miso** アーネスト&ユリ・ミガキ／成林寺味噌
- 084 **Mio Asaka / Mio's Delectables** ミオ・アサカ／ミオズデレクタブルズ

- 088 私の好きなポートランドみやげ

Part 2 | BAY AREA
ベイエリア（バークレー・サンフランシスコ・オークランド）ショップガイド

- 094　ベイエリアの歩き方
- 096　**Chez Panisse** シェパニーズ
- 102　**Bartavelle Coffee & Wine Bar** バータヴェルコーヒーアンドワインバー
- 104　**Standard Fare** スタンダードフェア
- 106　**Elmwood Cafe** エルムウッドカフェ
- 108　**Berkeley Bowl** バークレーボウル
- 110　**Berkeley Farmers Market** バークレーファーマーズマーケット
- 112　**Morell's Bread** モレルズブレッド
- 113　**Brickmaiden Breads** ブリックメイデンブレッズ
- 114　**Ici Ice Cream** イーシーアイスクリーム
- 115　**Crixa Cakes** クリクサケークス
- 116　**Nabolom Bakery** ナボロムベーカリー
- 117　**Sequoia Diner** セコイアダイナー

- 120　**Arizmendi Bakery Oakland** アリズメンディベーカリーオークランド
- 122　**Pizzaiolo** ピザイオーロ
- 124　**Tartine Bakery & Cafe** タルティーンベーカリーアンドカフェ
- 126　**20th Century Cafe** トウェンティスセンチュリーカフェ
- 128　**Boulettes Larder** ブーレッツラーダー
- 130　**The Mill** ザ・ミル
- 132　**Mission Pie** ミッションパイ
- 134　**Frances** フランセス
- 136　**Bi-Rite Market** バイライトマーケット
- 138　**Rainbow Grocery** レインボーグロッサリー
- 140　**Bay Area Mini Guide** ベイエリアミニガイド

PEOPLE IN BAY AREA　ベイエリアの素敵な人

- 100　**Carrie Lewis / Chez Panisse** ケリー・ルイス／シェパニーズ
- 118　**June Taylor** ジューン・テイラー
- 142　私の好きなベイエリアみやげ

ポートランド＆ベイエリアで見つけた
歩粉のスイーツレシピ

- 162　**Apple Galette** りんごのガレット
- 164　**Cornmeal Scone** コーンミールスコーン
- 166　**Miso Granola** 味噌グラノーラ
- 168　**Buttermilk Panna Cotta** バターミルクパンナコッタ
- 170　**Chocolate Stout Cake** チョコレートスタウトケーキ
- 172　**Doughnut Muffin** ドーナツマフィン
- 174　**Chocolate Cookie** チョコレートクッキー
- 175　**Bran Muffin** ブランマフィン

PORTLAND MAP

- 148　ポートランド全体図
- 149　ポートランド／ダウンタウン
- 150　ポートランド／ノースイースト
- 152　ポートランド／サウスイースト

BAY AREA MAP

- 154　ベイエリア全体図
- 155　オークランド
- 156　バークレー
- 158　サンフランシスコ

東京から、
ポートランド＆バークレーへ

　ショップガイドを始める前に、少し私自身の話を書かせていただこうと思います。「歩粉」というのは、私個人がお菓子作りで活動していこうとしたときに考えた名前。当初は卸しや通販などを行っていましたが、2006年10月、東京の恵比寿駅から歩いて10分弱の場所に、14席の小さなデザートのお店をスタートさせました。

　メニューは全粒粉を含んだざくっとした定番のスコーンに、月替わりの新しいケーキを中心としたデザートセットのみ。そんなお店は他にはなくて、「そんなので大丈夫？」「ランチはないの？」と、たくさんの人に心配されたけど、いろんなことが器用にできるタイプではないので、お客さんと一緒に楽しんでいきたいという気持ちで、このスタイルを守ってきました。自分自身もお菓子を食べるのが大好き。おいしいお菓子を前に「おいしいね〜」と言い合うのが大好きだから、「ここがそんな場所になれたらいいな」と思う気持ちで営んできました。そんなお店を2015年2月に閉店することになるなんて、私がいちばんびっくりしたかもしれません。建物を取りこわす話がなかったら、ずっとこの場所でやっていくと思っていましたから。

ポートランドを初めて訪れたのは、それを少しさかのぼる2014年6月のこと。本屋さんでポートランド発の雑誌『Kinfolk』を見かけ、その世界に魅了されました。都市と自然が近い生活環境で、準備を含めた食事の時間を、仲間たちと一緒にゆったりと楽しむ。そんなイメージ写真が並んでいるのを見て、「ただの雑誌の世界なのでは？」と思う反面、「本当にそんな豊かな空気があるのかしら？」ということを知りたくて。ポートランドに到着して、最初に訪れたお店が「スウィーディーディー」（P.026）。そこで私は、まさにこの街に恋に落ちたのでした。

　楽しそうに働いているスタッフ、オーダーを待つ列に並ぶ人たちも、みんながここでの時間を楽しんでいるムードに満ちていて、並んでいる焼き菓子、瓶に入った自家製の保存食、不揃いなカップやポット……見ているだけで、ワクワクが止まらないのです。このお店に限らず、レンタサイクルを借りに入ったお店のスタッフも、本当にフレンドリー。道に迷ってキョロキョロしていると、「どこへ行きたいのですか？」と笑顔で尋ねてきてくれる地元の方。さっと自然に「手助けをするのが当たり前」といったポートランドの人たちに会うたびに、心がほわっと温かく癒されると同時に、東京での生活での自分を振り返り「普段の私は、そういうことができているのだろうか？」と、自分の心の余裕のなさを恥ずかしく感じました。

009

My Sweet Memory in America

　恵比寿のお店を閉めることになったとき、「別の場所で新しい店舗」というのがピンと来なくて、ちょうど私の年齢も40歳。人生の半ばと考えて、新たなことに挑戦してみるのもいいかもと思いました。お菓子のことに携わっていくのは、今後も変わらないのだから、外国のレシピを読んだり、海外のお菓子のクラスを受けるとなったら、基本となるのは英語。「ペラペラとまではいかなくても、少しでも理解できればお菓子の幅も広がっていけるのでは……」。そんな思いと、「大好きなポートランドで暮らしてみたい」という夢が合致したのです。

　ポートランドでの暮らしが始まったのが、2015年の3月末、4月から語学学校に通うことにしました。英語はまったくできないレベルだったので、まずは学校で語学を学び、「お菓子のことも何かしらできたらいいな」くらいに思っていました。ところがもともと勉強も団体行動も苦手な私は、学校生活が楽しいとは思えず、「何で上達しないんだろう？」と、落ち込む日々が続きました。1週間ほどの夏休みも旅行気分になどなれず、唯一「やりたい」と思えたのは、大好きなベーカリー「テーバーブレッド」（P.022）でのお手伝い。

　英語にまったく自信がない私でしたが、どうしてもお願いしたくて、日本で出版していただいた自分のレシピ本を名刺代わりに、オーナーのティサに勇気を出して話しかけたのです。身ぶり手ぶりを交えた、たどたどしい私の言葉を、しっかりと目を合わせながら耳を傾けてくれて、「あなたの得意なケーキを作ってね。材料はこちらで用意するから」と、受け入れてくれたときのうれしさといったら。ペイストリーのボランティアを無事に終え、リクエストされていた私のケーキを焼く時間。「歩粉」で秋に人気のあった「ごぼうのダブルキャラメルケーキ」を思いつきました。

at Tabor Bread

　でき上がってドキドキの試食タイム。ブレッドチーム、ホールや調理スタッフみんながとても気に入ってくれたのでほっとしていたら、ペイストリー担当のリリーが、ケーキにもう札をつけて店頭に並べています。「私のケーキがポートランドで売られている……！」。オーナー不在時にそういった決定権をスタッフに任せていることも、「いい」と思ったものにはアクションがダイレクトなのも、わたしにはびっくりすることばかりでしたが、言葉にできないほどの感動を味わいました。ボランティアはその後2か月ほど、週1回のペースで続けさせていただいたのです。

011

My Sweets Memory in America

　次なる転機が訪れたのは、その年の秋のこと。「近々『シェパニーズ』（P.096）で食事会があるから、ベイエリアに行くんだ」と話す友人に、思わず出た言葉「いいな〜、私も行きたーい！」「行く？」……まさかここから本当に行くことになるとは。10日後には「シェパニーズ」でディナーを食べ、翌日には「シェパニーズ」のシェフ、ジェロームのバースデーパーティにもお邪魔していたのです。もともとその旅は、友人の友人がジェロームと親交があり、その食事会だった……ということを、あとから理解した私。その場の流れで、あり合わせの材料でシンプルなりんごのケーキを焼きました。折りしもその晩は、スーパームーンという特別なパワーを持つお月さまの日。おいしい料理を囲みながら、素敵な人たちの笑顔に囲まれて、夢の中にいるみたいな時間でした。

　翌朝、友人経由で「よかったら、『シェパニーズ』のペイストリーにいつでもおいで」とジェロームから連絡をいただいたときには、何が起こったのかが理解できないほど。ただの食いしん坊根性で訪れた旅からの急展開、目をパチクリさせながらも、「語学学校は辞めて、バークレーに移動しよう！」と、すぐに心に決めていました。「シェパニーズ」で食事をしてから、ちょうど1か月後にあたる10月下旬、「シェパニーズ」のペイストリーでのインターンがスタートしたのです。

　最初に出迎えてくれたのは、ペイストリーのシェフ、ケリー（P.100）でした。とてもなごやかに挨拶し、他のスタッフには日本人のえりこさんもいて、緊張もほぐれ、「私は本当にラッキーだなあ」と改めて思いました。久しぶりの厨房での仕事、箱にたっぷり入ったりんごの皮むき作業も、うれしくて仕方なかった。厨房に立っていると「自分の場所に戻ってきた」という気分になれたのです。時間をかけ、近郊の生産者との関係を大切に築いてきたからこそ手に入る、最

at Chez Panisse

Tea Party with Friends

　高品質の食材たち。「シェパニーズ」では、それらを生かすようメニューが考えられています。例えばりんごの皮や芯は、ガレットの表面などに塗るグレーズ（つや出し）に変化します。大切に育てられた作物は余すことなく使い切り、そこに人の手と時間もかけていく。機械を使って一気にガーッと処理したら早くできることを、ちゃんと目で見て、手を使って作業するのです。そうすることで、人の心を動かす料理やデザートになるということを学びました。

　私がインターンをスタートした10月下旬は、いちじくの終わりかけの頃。パーシモン（柿）も豊富で、名物の柿のプディングがあったり、定番のガレットは、そろそろりんごがメインになる時季でした。「ベイエリアのストーンフルーツ（桃やプラムなど、中の種が石のように固いくだものの総称）を食べないで帰るなんて、もったいないよ」。バークレー在住の友人のひと言が、私の気持ちを動かしました。ストーンフルーツ最盛期の、夏のデザートを経験するまでは「シェパニーズ」で頑張ろう。そのためにはビザの関係もあって、アメリカを出たり、日本にちょっと戻ったり、移動はあったものの、冬にはさまざまな種類のシトラス類、春のいちごにルバーブ、初夏が近づくとブルーベリー、夏には待望のピーチにプラム、アプリコット。ベイエリアのうま味が凝縮された、素晴らしいフルーツたちに携わることができました。

　作り手の顔が見える最高の材料を、美しくおいしいひと皿へと情熱を持って仕上げていく。そのチームの一員になれたのは、本当にしあわせなことでした。お菓子の製法が日本とまったく違っていたり、今までの発想になかったことを知ると、子どもに戻ったように新鮮に驚いたりして、自分のお店を何年もやってきたあとなのに、また初心にかえって学ぶことの楽しさを感じることができたのです。英語の勉強はそっちのけになってしまいましたが、本当に興味があることって、自然に前のめりになってしまうのです。人はいくつになっても、教わる、知る、伝える、共感することで、喜びを感じられるものなのだと、「シェパニーズ」という最高の場所で、実感することができたのです。

「シェパニーズ」で1年間ペイストリーを経験し、その後「もう一度ポートランドに戻って、語学学校に行き直そう」と決めました。あまりにも英語が中途半端だったので。秋からは雨の多いポートランド。やりがいのあった厨房での生活から、また苦手な学校通いで鬱々して気持ちがふさぎ込んでいたとき。その時期に知り合ったのが味噌メーカー「成林寺味噌」のアーネストとゆりさん（P.058）、ブレンドティーのお店「ティープロジェクト」のテリー（P.044）。彼らとより深く関係を築けたのも、お菓子のおかげでした。

「成林寺味噌」ではポートランドで開催される発酵食イベントに合わせて「味噌グラノーラ」を作り（P.166）、試食コーナーで登場させたら、好奇心旺盛なポートランダーたちも興味津々。「どうやって作るの？」と、話が弾みました。「ティープロジェクト」はクリスマス前のイベントに「ヒトミもお菓子で参加して！」と声をかけてもらって、グルテンフリー＆ビーガン対応のビスコッティに、ホワイトチョコと茶葉をコーティングしたお菓子を出して、大好評でした。私はやっぱりお菓子を通じて人と関わることが好きなんだと、再確認させていただいた出会いでした。

at Lauretta Jean's
at Little T American Baker

その後もポートランドでは、パイ専門店の「ロレッタジーンズ」（P.028）、パン屋の「リトルティーアメリカンベーカー」（P.056）でもボランティアを経験し、厨房でのもの作りの現場を見せていただきました。ビザの関係で2017年2月にいったん日本に帰国。そしてその後、この本の制作と「最後の修行」という気持ちで、ポートランドとバークレーにそれぞれ滞在することにしたのです。カフェレストラン「モーリス」（P.040）に、再び「テーバーブレッド」と「ロレッタジーンズ」。ベイエリアに移動し、最後の「シェパニーズ」、ピザ店「ピザイオーロ」（P.122）、オークランドのレストラン「カミーノ」、パン屋「モレルズブレッド」（P.112）などなど。「ドーナツを揚げる様子が見たくて、帰国前日まで厨房に入ってボランティアしていた」と言ったら、「そこまでの情熱はすごいね」と、友人からも笑われる始末です。

　2017年12月に幕を閉じた、私のアメリカ生活。これからの暮らしを考えたときに、「自分にとって、本当に大切にしたいことって何?」と胸に問いかけると、ポートランドやベイエリアで出会った、大好きなショップのオーナーさんたちの笑顔が浮かんできます。私が恵比寿で「歩粉」を営んでいたときは、「お店が大事」という気持ちが強くて、ほとんどの時間をそこに注ぎ込んでいました。もちろんそれは、自分が決めてやっていたことだけど、私が出会ったオーナーさんたちのように、いい顔ができていたかな……と振り返ることもあるのです。

　気になったお店に入ってみたら、英語が話せなくてもニコッと笑って歓迎してくれる。道を歩いていたら、向こうから歩いてくる人と目が合って、知り合いでもないのに「ハーイ!」と声をかけてくれる。何だか分からないさびしい気持ちのときでも、バスの運転手さんが「今日も良い1日を」と声をかけてくれる。そんな小さなことの積み重ねで、私のアメリカ生活は、新しい喜びにつながっていきました。旅や海外生活にハプニングはつきものですし、どんな出会いが待っているかは分からないけど、上を向いてにっこり笑っていたら、同じようににっこりとほほえんでくれる。私がこの本で紹介しているのは、きっとそんな場所だと思います。さらに願わくば、あなたの味覚に合った、とびきりおいしいものに出会えますように。

Hitomi Isotani

Organic Produce

アメリカの オーガニック事情

　私が生活していたポートランドとバークレーは、全米の中でも特にオーガニックフードへの意識が高いエリアだと思います。ポートランドはオーガニック、サスティナブル（「持続可能な」の意。自然環境や人、コミュニティに配慮したあり方のこと）、ローカル（地産地消。作り手と買い手の密接な関係を築き、運送コストをカット、環境保全や地域の活性化を目指す）な品揃えで知られる「ニューシーズンズマーケット」（P.078）が市内に何店舗もあり、例えば地元ロースター「スタンプタウンコーヒー」の量り売りコーナーでも「オーガニック」マークがずらりと並びます。一般のスーパーをのぞいても、オーガニックの農作物や製品が豊富でした。一方バークレーは、アメリカにオーガニック料理を広めたレストラン「シェパニーズ」（P.096）のお膝元。

近郊には有機農家も多く、彼らと直接ふれあえるファーマーズマーケットも定期的に開催されています。

　加工品では、パッケージに印刷されている緑色の「USDA」（アメリカ農務省）オーガニック認証のマークが目印です。栽培する

① FAIR TRADE CERTIFIED
世界70か国以上の農家・労働者と提携する非営利組織「フェアトレードUSA」の認証マーク。

② USDA ORGANIC
アメリカ農務省傘下「全米オーガニックプログラム（NOP）」が定めた定義による認証マーク。

③ NON GMO
　Project VERIFIED
ワシントン州に本部を置く非営利団体「非遺伝子組み換えプロジェクト」による認証マーク。

④ Certified Gluten-Free
グルテンフリー製品の品質評価を行う「グルテンフリー認証機関（GFCO）」による認証マーク。

土地では収穫までの３年間以前に禁止物質（合成肥料、下水汚泥など）を使用しない、遺伝子操作を禁止するなど、厳しく規定された基準を満たすことが条件です。ただしこの認定を申請できるのは、売り上げが年＄5000以上とされていて、小規模な製品に関してはこのマークを使用することができないので、あくまでひとつの目安としてとらえるのが良いと思います。

その他「フェアトレード（公正な取り引き。開発途上国の生産者の生活と自立をサポートする）」「非遺伝子組み換え商品」「グルテンフリー（穀類に含まれるタンパク質の一部であるグルテンを含まない製品のこと。代謝不良や小麦アレルギーの方への配慮）」のマークも有名で、消費者に対し選択肢をきちんと明示しているのが素晴らしいと思います。

２都市の住人たちを眺めていて感じるのは、オーガニックは食の嗜好というより、ライフスタイルと密接に結びついていること。日々の「食」の選択が、これから自分たちが暮らしたい世界や街を作っていく、そんな意識があると思うのです。

サンフランシスコのグロッサリー「バイライト」の青果コーナーは、オーガニックか、ローカルなものかが分かる表示に。

017

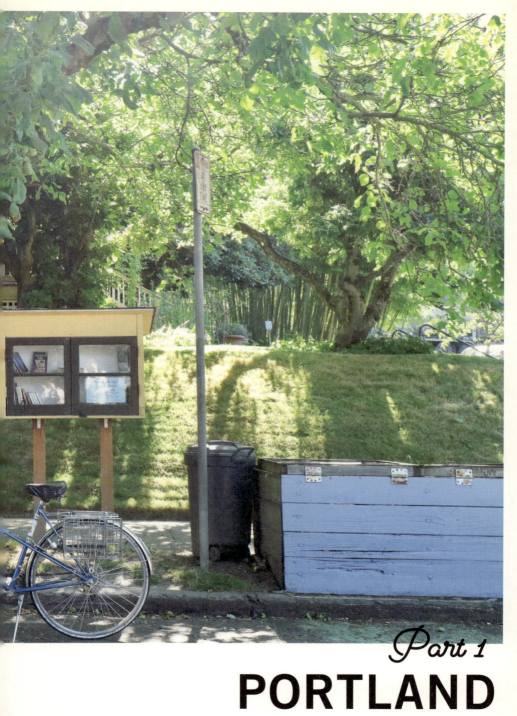

Part 1
PORTLAND

TRAVEL INFORMATION / PORTLAND

■ 基本情報

　オレゴン州ポートランド市はアメリカの西海岸北西部に位置する州最大の都市であり、経済や文化の中心地として栄えています。街の中心地をウィラメット川が流れ、人と豊かな大自然の距離が近いのが魅力です。私がおすすめしたいシーズンは、6月から9月頃まで。ポートランドの夏は、気温は高いものの、湿気が少なく快適です。特に6月から8月は午後9時ごろまで日が沈まず、長い一日を楽しめます。日差しは強いので、サングラスや日焼け止めの持参を。日が落ちると朝晩は涼しいので、長袖の服を忘れずに。秋は比較的穏やかな気候で、見事な紅葉も楽しめます。秋の終わりから3月頃までは雨が多いので、雨用のコートや雨に強い靴を持参するのがおすすめです。冬は気温が低くなることがありますが、雪はそれほど多くありません。春先は午前が雨、午後は晴れという風に、天気がめまぐるしく変化することが多いです。

■ 日本からポートランドへ

　ポートランドへは、デルタ航空が成田空港から直行便を夏季は毎日、その他の季節は週5日運航しています（2018年3月現在）。飛行時間は約9時間20分（復路は約10時間半）。夕方出発して、現地時間の朝に到着します。バンクーバーやシアトル、サンフランシスコなど西海岸の都市を経由するルートは複数の航空会社が運航していて、直行便と比べると低価格です。格安航空券サイトなどで調べてみましょう。ポートランドとベイエリアを続けて旅をしたいときは、サンフランシスコ経由の便にすると便利です。ポートランドとベイエリア間の移動も、ユナイテッド航空、アラスカ航空、アメリカン航空など複数の直行便があり、飛行時間は1時間30分〜2時間弱ほど。

　ポートランド国際空港からダウンタウンへは「MAXライトレール」（後述）のレッドラインが便利で、所要時間は40分ほど。タクシーや「Uber」（後述）は20分ほどです。

■ ポートランド市内の交通

　ポートランドは公共交通機関が発達していて、全米の中でも街歩きがしやすい都市です。「MAXライトレール」「ストリートカー」「トライメットバス」はトライメット社が統括していて、トライメットのチケットを1枚購入すれば、制限時間内であれば、3つの交通機関すべての乗り降りが自由にできます。1日券（$5）、1週間券（$26）などがあり、駅の券売機や、スマートフォンの「TriMet Ticket」のアプリでも購入できます。ウェブサイト「trimet.org」にある「Trip Planner」では行先を入力すると、目的地までの交通手段や乗換情報、タイムスケジュールなどが表示されるので便利です。

【MAXライトレール】

　ダウンタウンでは路面電車、郊外では専用線路を高速で走る、電車システム。レッド、ブルー、グリーン、イエロー、オレンジの5つの路線があり、通勤時間帯は毎日ほぼ15分間隔で運行しています。空港からダウンタウンへはレッドラインを利用します。

【ポートランドストリートカー】

　ノース／サウス（NS）ライン、Aループ、Bループの3つの路線があり、ダウンタウンからノースウエスト地区への移動に便利です。

【トライメットバス】

　ポートランド市内と郊外を約80の路線でカバーしていて、私がポートランドを移動するときにはこちらをよく使いました。2時間半$2.50で、運転手さんに先払いですが、おつりが出ないのでぴったりの料金を用意しておきましょう。一日券（$5）も購入できます。車椅子の方も乗車でき、入口に近い席は体が不自由な方の優先席になっているので、元気な方は必ず

席を譲るようにしましょう。降りたい停留所を知らせるときは、窓際に張り巡らされた、黄色いベルコードを引っ張ります。バス停にはそれぞれ「Stop ID」が数字で記されており、「trimet.org」にある「Transit Tracker」に数字を入力すると、バスがあと何分で到着するかを知らせてくれます。

【自転車】
「自転車の街」として有名なポートランド。自転車専用レーンや自転車を停めるラックも多く、街の大きさも自転車でめぐるのにちょうどいいサイズだと思います。街中にはレンタサイクルも何店かあり、半日、一日などでレンタルできます。オレンジ色の看板が目印の、自転車シェアリングシステム「BIKETOWN」も充実しています。こちらはウェブサイトまたはスマートフォンのアプリで会員登録し、クレジットカードを登録。エリア内を1日$12で、自転車後部のボックスで会員番号と暗証番号を入力すると、U字ロックが解除されて、使用可能に。返却は市内100か所以上ある、どの駐輪場でも大丈夫で、空いているスタンドにU字ロックで自転車を固定させます。

【Uber】
一般人が運転する自家用車をタクシー代わりに配車するシステム「Uber（ウーバー）」は、ポートランドではかなり普及しています。支払いはクレジットカード決済、チップは不要、行先を入力すれば事前に金額も分かるので、使い慣れるとかなり便利です。日本語サイトで登録しておけば、そのままアメリカでも使えます。

【Google Map】
ポートランドでの街歩きでは、とにかく「Google Map」を活用すると便利。現在地から目的地を入力して検索すると、どのバスを使うと良いか、徒歩なら何分かといったことを瞬時に教えてくれます。いくつかのルートを検討して、体力や金銭面と相談しながら、自分にいい方法で、街歩きを楽しんでください。

■ 情報収集
ポートランドではほとんどのホテルやカフェで、無料Wi-Fiがつながります。パスワードが必要な場合は、お店の方に尋ねてみてください。
ダウンタウンの「パイオニアコートハウススクエア」にある「トラベルポートランドビジターインフォメーションセンター」（MAP → P.149 B-2）では、バスの路線図や市内地図、オレゴン州の観光パンフレットの他、「トラベルポートランド」が作成する日本語の「ポートランドミニガイド」が無料でもらえます。またトライメットバスの1日券、回数券なども購入できるので便利です。ウェブサイト（travelportland.jp）でも、旅の基本情報が網羅されているので、イベントなどをチェックしてみてください。

※料金、運行状況などは2018年3月現在の情報です。

PORTLAND 021

自家製粉のパンを使ったメニューがおすすめのベーカリー＆カフェ
Tabor Bread | テーバーブレッド

　初めてのポートランド旅行中、小規模なファーマーズマーケットに出店していたのを偶然見つけたのが出会いです。すごく好みな素朴な焼き菓子に感動し、「滞在中に必ず店舗に行きたい」と、バスを乗り継いでたどり着きました。扉を開けると、ずらりと並んだパンに焼き菓子、大きな薪窯オーブン、大きな木製のミル（製粉機）の小部屋も見えて、「何て理想のパン屋さん！」と大興奮したのを覚えています。

　ここの特徴は何といっても、地元産のオーガニック小麦を自家製粉していること。製粉したてのフレッシュな粉から生まれるパンや焼き菓子は、粉の風味が格別に良くて力強く、やさしい味わいです。ポートランド滞在中、「小麦アレルギーの人も、この店のパンだったら食べられる」という話を聞いたことがありました。品種改良されていない小麦の原種・スペルト小麦を使い、発酵に2日間かけ、ていねいに作られたパンは、アレルギー持ちの体にも、すっと入っていくことがあるのだなと感心したものです。オーナーのティサも、「この店を愛してくれる人たちがいて、彼らに体にいいものを届けられるのが何よりもしあわせ」と語ってくれたことがありました。

　こちらでおすすめなのは、やはりパンのおいしさを存分に味わえる「ブレッド＆スプレッド」。サワー種のパン数種にツナサラダ、卵サラダなどが選べるメニューです。それに合わせたいカップスープは日替わりで、その時季の野菜をベースにしているものが多く、例えば過去にはビーツ、スクワッシュ（かぼちゃ）、トマトクリームなどがありました。スパイスを効かせたりフレッシュハーブが散らしてあったり、「今日のスープは何？」と聞くのが楽しみでした。

　スイーツ好きにうれしいのは、焼き菓子も充実していること。ティサに「ラインナップは誰が決めているの？」と尋ねたら、創業当初からペイストリーのシェフに任せているとのこと。「大事なことは、おいしい粉、砂糖を入れすぎない、季節の材料を使う。この3つを守ったら、何も口出ししなくても、おいしいお菓子になるのよ」。

Data

5051 SE. Hawthorne Blvd. Portland
☎ (971)279-5730
🕐 7:30am-4:00pm
　※食事メニューは3:00pmまで
㊡ なし
http://www.taborbread.com
アクセス　14バス SE. 50th & Clay 徒歩1分
MAP → P.153 B-4

1. ライ麦、レッドウィート、ホワイトウィートなど、何種類もの粉、さまざまな配合によって焼かれたパン。

2. 店内でオーダーできる「ビスケット」。自家製ジャムとバターを添えて。ざくっとした食感がたまらない。

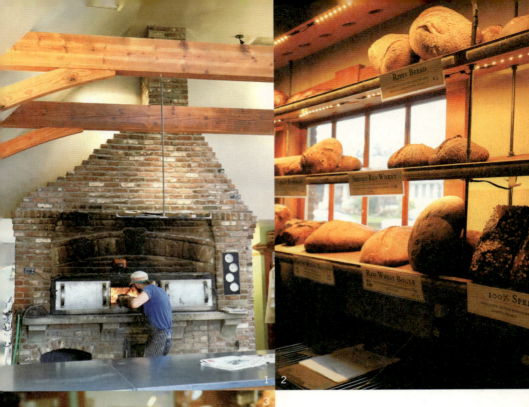

1. 店の中央にある立派な薪窯。2. サワー種のパンは日持ちするので、旅の最終日に買えば日本でも楽しめます。3. クッキーのいちばん人気は「バックウィートチョコレートチップ」。そば粉のクッキーです。4. オーナーのティサ。私がポートランド一好きな、志が詰まった味わい深いパンは、彼女の人柄そのもの。5. ボランティア時のまかない。カップスープとサンドイッチ。6. ハム、グリュイエールチーズが挟まった「ハム＆チーズバゲット」に、「今日のスープ」。7. ビスコッティは食感がソフトで、ドライフルーツもたっぷり。8. 素朴な焼き菓子たち。

Tabor Bread

PORTLAND 025

朝ごはんが有名な、ポートランドを代表するカフェ
Sweedeedee ｜ スウィーディーディー

　私が「ポートランドに住みたい」と思った理由は、もしかしたらこのカフェの存在があったからかもしれない。初めてのポートランド旅行で滞在したAirbnbがここの近所で、毎日通いたいお店がすぐに見つかったのは、ものすごくラッキーでした。
　厚切りの自家製ブリオッシュトーストにやはり自家製のジャム、ローカルファームから届く新鮮な葉野菜。カリカリのベーコンにつややかな目玉焼き、ちょこんと添えられた季節のフルーツ。メニューはいたってシンプルなのに、何でこうも心が躍るのでしょう。パンもお菓子もすべてお店で手作りしていて、その味わい深さにも驚きます。「複雑なものはないの。おばあちゃんが作ってくれるようなシンプルなものが好きだから」と、オーナーのエロイーズは話してくれました。
「使われている食器も9割は、私の友人が作ったものよ」とエロイーズ。流れているレコードやタイプライターで打たれたメニュー、ユーズドのカトラリーなどなど、店内には彼女の「好き」がいたるところに散りばめられていて、それがこの店全体の居心地の良さにつながっています。店名もポートランドのフォークシンガー、マイケル・ハーレーの曲名から。古いもの、新しいもの、無造作なようでいて統一感があり、やはりこのお店の魅力は、彼女自身なのだと強く思います。

1. ペイストリーが並ぶカウンター。2. 店を代表するスイーツ「ハニーパイ」。ざくざくのパイ生地にねっちりしたはちみつカスタードのフィリング、フレークソルトがパラリ。3. ゆったりとした時間が流れる店内。人々が思い思いに時間を過ごしています。4. メイソンジャーをウォーターグラス代わりに。5.「ビスケットブレックファースト」も完璧なひと皿。この日はバターミルクのビスケットに葉野菜、半熟卵とハム、マリオンベリーのジャム。ビスケットはビーポレン（みつばちが作る花粉のかたまり）を使うことも。

Data

5202 N. Albina Ave. Portland
☎ (503)946-8087
🕐 月～土曜8:00am-3:00pm
　　日曜8:00am-2:00pm
㊡ なし
http://www.sweedeedee.com
アクセス　4バス N. Albina & Sumner すぐ
MAP → P.150 A-1

季節のくだものをふんだんに使ったパイが人気
Lauretta Jean's ｜ロレッタジーンズ

　扉を開けた瞬間から、ショーケースにずらりと並ぶホールのパイたちに目が釘付け。自分が何となく思い描いていた、映画に出てきそうな古き良きアメリカンスタイルのパイ屋さんが、現実に存在していた！という驚き。そして選んだ「ココナッツクリームパイ」のおいしいこと。小さな器にポンと無造作にのっかっている姿もツボでした。

　パイにしてもスコーンにしても、とにかく生地の食感が素晴らしい。オーナーのケイトにおいしさの秘訣を尋ねると、「機械を使わず手作業で作っているのがこだわり」と。一般的な店ならパイシートを伸ばすのにパイローラーマシンを使いますが、ここは木製の麺棒で1個ずつ広げています。ざくざくの食感を保つためにはバターが溶けないよう手早いスピードで仕上げなくてはいけませんが、ケイトの手際の良さは、まさに神技。感謝祭前にボランティアをしたとき、スタッフ総出で計800個のパイをすごい勢いで作り上げていく様子は、まさに圧巻でした。

　毎回パイの種類の多さに圧倒され、ひとつを選ぶのがうれしくも大変でした。例えば桃の時季は、「クラックピーチ」「ブランデーピーチ」「ピーチシュトロイゼル」と3種類も。日替わりのスープや、ベジサンドビスケットなどセイボリー系も充実しているので、朝ごはんや昼食に利用するのもおすすめです。

1. お気に入りの「シナモンオーツスコーン」はガリッとした食感。スコーン生地にオーツ麦が入ったクランブルが渦巻き状に練り込んであります。2. 緑の多いディビジョン通りは、散歩も楽しい。3. オーナーのケイトと。4.「ソルテッドキャラメルアップルパイ」に自家製バニラアイスを添えて。りんごやサワーチェリーなど、酸味の強いくだものを使ったパイには、ぜひアイスを追加してみて。5. クッキーやマフィン、ビスケット、ブラウニーなど、どれもおいしいので、店内で食べ切れないときはテイクアウトを。

Data

3402 SE. Division St. Portland
☎ (503)235-3119
🕐 日曜9:00am–10:00pm
　 月〜木曜8:00am–10:00pm
　 金・土曜8:00am–11:00pm
㊡ なし
http://www.laurettajeans.com
アクセス　4バス SE. Division & 34thすぐ
MAP → P.153 C-3

市民憩いの場・テーバー山のふもとにある洗練レストラン
Coquine | コキーヌ

　ダウンタウンからは少し離れているけれど、何を食べてもおいしいこのお店で過ごしたあと、お隣のテーバー山を散策し、ポートランドの街並みを見下ろすのは、旅のリフレッシュにもってこいのコースだと思います。

　さまざまなレストランで研鑽を重ね、自分の感覚を頼りに食へのチャレンジを続けている女性シェフ・ケイティ。2016年の「ポートランドベストレストラン」に選ばれて、その実力もお墨つきとなりました。材料もオーガニックにこだわり、日本の食材も大好きで、かつお節や柚子こしょうといった食材も料理に使われていたりします。午前中はシンプルなペイストリーにコーヒーや紅茶が中心、ランチは日替わりのスペシャルがあって、スープとサラダ、サンドイッチとクッキーがつくセットが人気。夜はちょっとおしゃれして、お酒と素材を生かした創作料理を楽しむレストランに。華やかに盛り付けられた夜のデザートもおすすめです。各時間帯で、それぞれのおいしさを味わうことができます。

　ポートランドはポップな雰囲気のお店が多い中、こちらは大きなアンティークキルトや銅製の照明などを用いたシックで洗練された内装で、それでいてスタッフはみんなフレンドリー。落ち着いた上質な時間が楽しめると思います。

1. ブレックファーストメニューの「そば粉のビスケットと季節のジャム」。生地の立ち上がり方や、塩を効かせた味のバランスも素晴らしい。**2.** コーヒー豆は「スタンプタウン」のものを使用。**3.** ランチのセットにもついてくる名物「チョコレートチップクッキー」。**4.** 店内の色使いもシック。**5.** コンパクトなサイズで上品な、朝食メニューの「ライ麦パンケーキ」。自家製ブルーベリーメープルコンポートとラベンダーが散らしてありました。**6.** ビーツの赤紫とハーブ&ソースの黄緑のコントラストが美しかった、ランチのタルティーヌ。

Data

6839 SE. Belmont St. Portland
☎ (503)384-2483
🕐 月・火曜 8:00am–2:30pm ／水〜日曜 8:00am–2:30pm、5:00pm–10:00pm
　　※ブレックファーストは11:00amまで
🚫 なし
https://www.coquinepdx.com
アクセス　15バス SE. 69th & Yamhill 徒歩1分
MAP → P.153 A-4

PORTLAND 031

そのときどきのスイーツが楽しめるカフェ
Milk Glass Mrkt ｜ミルクグラスマーケット

　ポートランドで「スイーツがおいしいカフェ」と言って思い付くのがこちら。種類が多いわけではないし、日によって並ぶものも違うけれど、必ず「おいしい！」に出会えるお店。「甘いものは好きだけど、甘すぎるのはダメよ」と話すオーナーのナンシーの作る味は、きっと日本のスイーツ好きな人の舌にも合うと思います。例えばある日のラインナップは、キャラメルクリームがのった「セサミケーキ」や、シトラスローズのアイシングにブラックベリーとエルダーフラワーがトッピングされた「コーンミールケーキ」。ごまとキャラメルクリームの組み合わせが新鮮だったし、素朴になりがちなコーンミールをガーリーにまとめ上げるセンスにもびっくり。「いつも同じメニューじゃつまらないじゃない？」と、昔のレシピをひっぱり出したり、いろんなものからインスピレーションを受けて作る姿はとても楽しそうで、いくつになっても好奇心旺盛な姿勢とユーモアたっぷりな語り口に、すっかりファンになりました。

　スイーツだけでなく、サラダやサンドイッチもおすすめ。自家製フォカッチャに季節の野菜とカシューバターがカラフルな「ベジサンド」は絶品。甘くないグラノーラをトッピングしたケールサラダも、おいしかったです。ブランチやランチ、ティータイムに、幅広く活用したいお店です。

Sesame Cake
1

Cornmeal Cake
2

1.2. 見た目も愛らしい「セサミケーキ」と「コーンミールケーキ」。**3.** 左上の「オーツクランブルケーキ」は、ピーチとチーズが練り込まれていました。「ケールのサラダ」「ベジサンド」などとともに。**4.** 黒ビール入りのチョコレートケーキ「スタウトケーキ」に、モカアーモンドファッジクリームをデコレート。きめが少し粗めのしっとりスポンジに、ほんのり苦いあと味がクセになります。**5.** スタッフもみんなおしゃれ。**6.** ワインやコーヒー豆など、おすすめ食材の販売も。

Data

2150 N. Killingsworth St. Portland
☎ (503) 395 - 4742
⏰ 9:00am－3:00pm
㊡ 月曜
http://www.milkglassmrkt.com
アクセス　72バス N. Killingsworth & Omaha すぐ
MAP → P.150 A-1

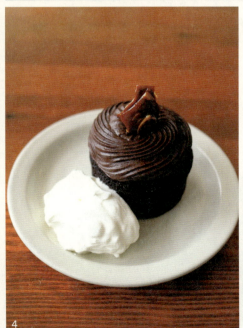

気持ちのいい朝ごはんでスタートしたい日に
Vivienne Kitchen & Pantry
｜ヴィヴィアンキッチンアンドパントリー

　通りすがりにたまたま発見したこちらのカフェ、内装のあまりのかわいさにびっくり。閉店後にも関わらずガラス窓に張り付いて覗いていたら、奥にまだいらしたスタッフをびっくりさせてしまって……（苦笑）。後日、朝ごはんを食べに、再訪しました。
　注文と会計は、先にカウンターですませるシステム。コーヒーは自分の好きなカップを選び、何杯でも自由に飲めるスタイルで、テーブルにはストライプ柄のナプキンにくるまれたカトラリーや小さな花瓶に花がセッティングされていました。さりげないけど、女性心をキュンとさせる演出が満載です。おすすめの「モーニングスターター」セットは、ホットビスケットに自家製ジャムとハーブバター、半熟目玉焼きにミニサラダがちょこちょこと盛り合わせられた、美しいワンプレートです。
　カウンターに並ぶ焼き菓子は日替わりで、洋梨のアップサイドダウンケーキ、オリーブオイルケーキ、季節のフルーツを使ったクランブルケーキなど。古道具類を生かした店内のインテリアも心地良く、ついつい長居をしたくなってしまいます。

1. 小学校などで使われていたであろうユーズド家具を利用した、気取りのないインテリア。2. コーヒーカップはセカンドハンドで柄もサイズも不揃いだけど、とにかくセンスが良く、眺めていてときめきます。3. 植物が効果的に飾られた店内。4.「ブラウンシュガーコーヒーケーキ」。バニラビーンズが効いたしっとり生地に、オートミール入りクランブルをのせて焼き上げていました。

Data

4128 NE. Sandy Blvd. Portland
☎ (503)384-2473
⏰ 日曜・火〜木曜 9:00am−2:00pm
　　金・土曜 9:00am−2:00pm、5:00pm−9:00pm
㊡ 月曜
https://www.viviennepdx.com
アクセス　12バス NE. Sandy & 42nd 徒歩1分
MAP → P.151 C-4

PORTLAND 035

グルテンフリーで満足度の高いスイーツが自慢
Back to Eden Bakery | バックトゥーエデンベーカリー

　ポートランドへ初めて旅行したとき、カフェやギャラリーなどでにぎわうアルバータ通りを歩いていたら、おいしそうな焼き菓子が並ぶお店が目に入り、気になったシナモンロールをお持ち帰りしました。こちらのお店に置かれている商品はすべてビーガンでグルテンフリーなのに、しっかりとしたリッチな生地感にちょうどいい甘さ、シナモンの効き具合。満足度の高さに興奮しました。日本の米粉を使ったグルテンフリーのお菓子は、食感が軽やかでおいしいのですが、もうちょっとズシンと来てほしいときもあります。健康とおいしさ、どちらもあきらめないアメリカの研究心に、深く感じ入ったものです。

　感激したグラノーラももちろんグルテンフリーです。オプションでつけられる自家製ココナッツヨーグルトも、なめらかで軽やか。グラノーラとの相性も抜群で、胃に負担なくスイスイと食べ進められます。旅の途中で「甘いもの疲れ」したときも、これなら無理なく食べられる、やさしい味わいです。

　こちらではグルテンフリーのオリジナルミックス粉も購入することができます。米粉、玄米粉、ソルガム粉などのブレンドで、ベストの配合を作るのに4年も研究したとか。グルテンフリーのお菓子作りに興味がある人は、チェックしてみてください。

1.6. 光がたっぷり入る明るい店内は、ストイックな雰囲気はなく、カジュアルで入りやすい佇まい。**2.** ヘンプがトッピングされたサラダとグラノーラ。ドレッシングは4種から選べ、こちらは「レモンタヒニドレッシング」。**3.** 生のりんごが練り込まれた「アップルフリッターズスコーン」。**4.** じゃりっとした歯ごたえがクセになる、アイシングがたっぷりの「シナモンロール」。**5.** アメリカで人気の炭酸飲料「ルートビア」フレーバーのドーナツ。どっきりするほど甘くて、独特の味わい。

Data

2217 NE. Alberta St. Portland
☎ (503)477-5022
◷ 9:00am–9:00pm
㊡ なし
https://www.backtoedenbakery.com
アクセス 72バス NE. Alberta & 21st 徒歩1分
MAP → P.151 B-3

Apple Fritter Scone
$4.50

地元民でにぎわうミニドーナツ屋さん
Pip's Original Doughnuts & Chai
│ピップスオリジナルドーナツアンドチャイ

　かわいいひと口サイズのドーナツのお店。フードイベントがあると移動販売車が出動し、ポートランダーたちが長い列になって、ドーナツ食べたさにニコニコ並んでいる様子がよく見られます。けれど私は、フレモント通りにある店舗でいただくのが好き。わざわざ足を運ぶことになりますが、この空間が何とも居心地がいいのです。ポップでラフなインテリア（いかにもアメリカンなデザインの、ステッカーやTシャツもおみやげとして販売しています）、価格も手頃だからか、若い子たちがドーナツをつまみながらワイワイと話に花を咲かせていて、いつも活気があるのです。
　ドーナツの生地は1種類ですが、シナモンシュガー、ローハニー、ヌテラ、季節のジャムなど、トッピングが選べるのが楽しい。1種類だけでもいいのですが、私はいろいろ試したい派なので、ひと皿に4種類のトッピングをオーダーして、チャイと一緒にいただくのが定番です。そう、こちらはチャイも看板メニュー。どれもオリジナルのブレンドで、店員さんに「おすすめのチャイは？」と尋ねるのもお楽しみ。「フライトオブチャイ！」というネーミングの、飲みくらべセットもあります。ポートランドではよくブリュワリー（ビール醸造所）の生ビール飲みくらべがありますが、そのチャイバージョン。旅の思い出としていかがでしょう？

1. チョークで手描きの黒板メニューは、ポートランドらしいインテリアのひとつ。厨房にてポコポコと揚がってくるドーナツを見ているのも楽しいのです。**2.** ナプキンやトッピング用のミルクなどが置かれたコーナーには、その時季の花や楽器などが飾られていて、何ともいい雰囲気。**3.**「バイシクル（自転車）タウン」のポートランドでは、壁に自転車がつるされている店もよく見かけます。**4.** ドーナツはひと口ふた口でパクリといけるミニサイズで、生地も軽やか。

Data

4759 NE. Fremont St. Portland
☎ (503)206-8692
🕐 8:00am-4:00pm
㊡ なし
https://www.facebook.com/PipsOriginal
アクセス　75バス NE. 42nd & Fremont 徒歩7分
MAP → P.151 B-4

PORTLAND 039

美しくおいしい、フード＆スイーツが楽しめるカフェ
Maurice | モーリス

　ハンドメイドのタペストリーや愛らしいビンテージ雑貨などが飾られた、女性らしいインテリアにときめきますが、ここの魅力はそれだけではありません。全米で販売されているフードマガジン『Bon Appétit（ボナペティ）』で賞を取ったほど、スイーツやフードの評価が高いお店です。ダウンタウンは焼き菓子難民になりがちなエリアですが、ここでテイクアウトして近所の公園で食べるだけでも、特別なお菓子時間を過ごすことができます。ひまわりの種やフラックスシードなどがたっぷり入った「バードシードハニーティーケーキ」、チョコレート生地にクセのある紅茶・ラプサンスーチョンなどがトッピングされた「チョコレートカプチンケーキ」などなど。オリジナルで個性豊かなスイーツは、どれも興味を引くものばかり。

　フードもおすすめで、「スモーブロー」という、黒パンにさまざまな具材をトッピングしたデンマーク風オープンサンドイッチは、どれを頼んでも絵を描くように美しく盛り付けられてきます。トッピングなど演出も素敵なスープも素晴らしく、季節の素材で毎回メニューが変わるので、おすすめを店員さんに尋ねるのがいちばん。人気店なので、ランチにデザートまで楽しみたいということであれば、午前11時半までに入店するのがベストです。

1. 食への強いこだわりと、豊かな発想を持ったオーナーのクリスティン。**2.** 季節のくだものに黒こしょうのアクセントが効いた「ブラックペッパーチーズケーキ」。とてもなめらかな食感で、ナッツの入った土台のクッキーともナイスバランス。**3.** 白を基調とした居心地の良い店内。**4.** 入口前のカウンターに並ぶスイーツたちには、いつも目移りしてしまいます。**5.**「スモーブロー」のパンは「リトルティーアメリカンベーカー（P.056）」のもの。**6.** インターンをしたとき、スタッフのエミリーと一緒に。

Data

921 SW. Oak St. Portland
☎ (503)224-9921
🕐 10:00am－4:00pm
㊡ 日・月曜
http://www.mauricepdx.com
アクセス　20バス W. Burnside & NE. 10th 徒歩1分
MAP → P.149 B-1

PORTLAND 041

多くのカフェやショップから信頼される人気菓子店
Bakeshop | ベイクショップ

　ダウンタウンから離れ、人気のお店が集中するエリアからも少し外れていて、「わざわざ行く」という感じになるけれど、焼き菓子好きの方ならきっとうれしくなるに違いないお店。オーナーのキムはレシピ本も発表しており、粉へのこだわりが強く、そば粉やライ麦粉を使った日本ではなかなか食べられない種類のお菓子も味わえます。店内は窓際に4席ほどのカウンターのみ、ドリンクのメニューもなく本当に潔く「Bake」のことだけに集中しています。けれどお隣の「ケーススタディコーヒー」の飲み物をこちらに持ち込むこともでき、逆にお菓子をコーヒー店に持って行くことも可能。そんな共存関係も、すごくポートランドらしいなと思います。

　私のお気に入りでお店の人気商品でもある「フィギーバックウィートスコーン」は、そば粉（バックウィート）のスコーン生地にいちじくのフィリングを渦巻き状に練り込み、焼き上げたもの。そば粉の風味といちじくのプチプチした食感、グレイッシュな色味からもっと重たい生地かと思いきや、サクッほろりと食べ進められます。スタッフにすすめられておいしかったのが、「パンオレザン」。ドーナツのようにジュワッとやわらかい生地、まわりの細かなグラニュー糖の少しジャリッとした食感、中のレーズンのほどよい酸味があいまって、小ぶりなのに充分満足な味わいでした。

1. 右上から時計まわりに中央にベリーのジャムがたっぷりのった「ジャムスコーン」「フィギーバックウィートスコーン」「パンオレザン」。**2.3.** フレンチスタイルをベースにしているので、クロワッサンやクイニーアマン、ブリオッシュ、クロワッサンダマンドなどのパン類も豊富。ポートランドを中心に40軒近くのお店に卸しているので、もしお店に直接行くことができないなら、ホームページでクライアントショップをチェックし、そちらに足を運ぶのもおすすめです。

Data

5351 NE. Sandy Blvd. Portland
☎ (503)946-8884
🕐 7:00am−2:00pm
㊡ 月・火曜
http://bakeshoppdx.com
アクセス　12バス NE. Sandy & 54th 徒歩1分
MAP → P.151 C-4

お隣の「ケーススタディコーヒー」。西に下るとフードカートが集まる場所もあるので、そちらのベンチで食べても。

PORTLAND 043

PEOPLE IN PORTLAND ★ 1

Teri Gelber / T Project
（テリー・ゲルバー／ティープロジェクト）

閑静な住宅街の、ギャラリーのような空間で
ブレンドティーのお店を営むテリー。
ポートランドらしい仕事や
暮らしのあり方を教えてくれた、大切な存在です。

Data

723 NW. 18th Ave. Portland
☎ (503) 327-3110
🕛 12:00pm～5:00pm
㊡ 日～木曜
https://www.tprojectshop.com
アクセス　77バス NW Alisan &
　　　　　19th 徒歩3分
MAP → P.149　A-1

　週に2日しかオープンしないブレンドティーのお店。そう聞くと訪れるのをちょっと躊躇してしまうかもしれません。ダウンタウンといえど中心から少し歩く距離、「本当にこっちであっているのかな？」と思い始めたくらいに見える「ティープロジェクト」の看板。ドキドキして扉を開けると、オーナーのテリーが「どうぞ入って、入って！」と、人懐っこく歓迎してくれます。
　とにかく日本が大好きで、日本人の感覚からすごく影響を受けていると話すテリー。お茶の仕事を始める前にはフードライターとして働いていて、ロサンゼルスで活躍する、全米一のパン職人とも言われるナンシー・シルバートンを長年サポートしてきたそう。
　「とても刺激的で大好きな仕事だったけど、子どもを授かったことで、生活のあり方を考え直し、ポートランドに移ることを決めたの。

LAにくらべてペースがスローだし、街のサイズもちょうどいい。自然や農家も近いから、良い食べ物に恵まれるし、人の感じもすごくいいでしょう」。
　レストランを持ちたいという夢を持っていたけれど、子育てしながらではハードすぎると考え、代わりに思い付いたのがお茶の仕事。「もともとお茶が好きだったのはもちろんのこと、お茶は喜びだし、人とシェアできるものでしょう。何かしら人とシェアできることを仕事にしたいと思っていたから」。
　そんな彼女のホスピタリティで、ここに集まる人はみんな、お茶を通じて親密になり、笑顔になっています。そしてお茶に限らず、良いと思うものを積極的に紹介しています。
　お茶に使う材料は、ひとつひとつ納得のいくものを探し、ほぼオーガニックで揃えています。パッケージもインドの美しい手仕事の

044

1. 紅茶、緑茶、中国茶、ハーブティーなど幅広い品揃え。お茶の名前はすべて曲名からつけられています。私が選んだ「ハニーパイ」は、ビートルズの曲。ルイボスティーベースのブレンドでした。
2. 日本びいきのテリー、カウンターには招き猫が。**3.** 水色(すいしょく)の美しいブレンド。いい材料を使っていることが、茶葉を見て分かります。
4. 感度の高い人が集うサロンのような店内。イベントやワークショップもときどき開催されます。

紙を使い、自ら手を動かしてオリジナル缶を仕上げて。心のこもったお茶たちは、ギフトとして喜ばれるのもよく分かります。
　クリスマス前「ポップアップイベントをやるから、ヒトミも参加しない？」とテリーに誘われ、アメリカで初めて自分のお菓子を並べさせてもらえる機会に恵まれたのは2016年末のこと。普段からテリーと交流のある作家さん（セラミック、アクセサリー、木工など）に交じって、「スパイスグラノーラ」を作り、「ティープロジェクト」の茶葉を使ったグルテンフリーのビスコッティの試食も用意しました。英語はたどたどしくても、久しぶりのお客さんとのやりとり、本当にうれしかったし、商品はすぐに完売。自分が作ったものがポートランドの人たちにも受け入れられたようで、興奮でぽーっとしてしまいました。こんな経験ができたのも、テリーのフレンドリーな人柄のおかげです。
　テリーの始めたお茶事業は、ポートランドでゆっくりと広がっています。私の大好きな「スウィーディーディー」(P.026)「コキーヌ」(P.030)「リトルティーアメリカンベーカー」(P.056) 他、ポートランドの20軒以上で飲むことができるし、これからも増えていくと思います。
　「Good things take time」。テリーが教えてくれた言葉。「良いことは、何でも時間がかかるのよ。良い野菜だって、土作りから時間がかかるみたいに」。本当にそう、自分が良いと思うことを信じて続けていくこと、そうすれば、ゆっくりと良いことにつながります。テリーと出会えて、よりポートランドの中に入り込めて、もっともっとこの街が好きになりました。大好きな街に大好きな人がいる、何てしあわせなことでしょう。

街に根付いた居心地のいいコーヒーショップ
Courier Coffee Roasters
クーリエコーヒーロースターズ

1.「洋なしとヨーグルトのマフィン」。ヨーグルトのおかげでしっとりした生地、甘さ控えめでコーヒーにぴったり。2. 味わいのある手描きのメニュー。お茶のメニューもあるので、コーヒーが苦手な人でも安心です。3. ぜひ試してほしい看板メニューのカヌレ。表面のカリッと内側のもっちのコントラストも、完璧です。4. コーヒーの先生のような、オーナーのジョエル。5. ロゴマークには、自転車が描かれています。

「もし自分がコーヒーショップを営むなら、こんな感じがいいな」と想像してしまいます。お店のサイズ感、お客さんとの距離。管理の行き届いたコーヒーと、こだわりの数種類のペイストリー、レコードプレーヤーから聞こえる心地いい音楽。すべてがちょうど良く、居心地がいい。このお店を訪れると、常連さんにツーリスト、日本人など、お客さんの層がいつもミックスされていて、それがとても風通し良く感じられます。「誰もが立ち寄りやすい」というのはきっと、理想のコーヒーショップの在り方。そんな空間を築き上げたのが、オーナーのジョエルです。

彼は「おいしいコーヒーは人々の潤滑油になる」という考えを持ち、独学で焙煎したコーヒーをまわりの友人にふるまっていたそう。そのコーヒーの評判が広がって、個人オーダーや卸先が増え、自分の足や自転車で運べる範囲の場所に届けていました。今焙煎を行っている工房も、このダウンタウンのお店も、その頃のご縁で舞い込んできた出会いだったとか。コーヒーの味わいを表現するのは難しいのですが、ジョエルのコーヒーは体にすっとなじむ気がします。ポートランドに住み始めた頃、なかなか自分好みの味を見つけあぐねていたのですが、ここでコーヒーを飲んだときに何だかとてもほっとして、ようやくこの街に溶け込めたような気持ちになったのでした。

Data

923 SW. Oak St. Portland
☎ (503)545-6444
⏰ 月～金曜7:00 am－6:00 pm
　　土・日曜9:00 am－5:00 pm
休 なし
http://www.couriercoffeeroasters.com
アクセス　20 バス W. Burnside & NW. 10th
　　　　　徒歩1分
MAP → P.149 B-1

PORTLAND 047

チョコレート&コーヒー工房の複合ショップ
Cup & Bar | カップアンドバー

　クラフトチョコレート工房「レンジャーチョコレートカンパニー」のチョコとコーヒーロースター「トレイルヘッドコーヒーロースターズ」のコーヒーがそれぞれ味わえるお店。コーヒー担当のチャーリー、マーケティング担当のグレッチェンなど、アウトドア好きな仲間5人で経営しています。「パリのカフェでよくある、コーヒーにおいしいチョコレートがひとかけら添えてある、そういう店をやりたいよね」という話から、本当にここまでやってしまったというからすごいです。チョコとコーヒーの原料はすべてオーガニック。チョコレート事業をすると決まればペルーまで飛んで加工プロセスの勉強をしたそう。チョコはすべてシングルオリジンで、それぞれのカカオの特徴を活かし、ていねいに作られた味わいは、ひと口食べれば明らかです。ペイストリーもほぼオーガニック素材を使い、素朴だけど高品質な味わいを生み出しています。

　チャーリー以外はみんなメインの仕事を持っていますが「ここにいる間は自分の好きなことをしている時間だから、休日がなくても楽しい。試したいこと、やりたいことがありすぎて、時間が足りないのよ」とグレッチェンは言います。最高の仲間で作られた会社が、最高のコーヒー、チョコレート、ペイストリーを提供している。すごくポートランド的で、理想の仕事の生まれ方だと思えました。

1. 私もおみやげによく買う「キャンディードニブ」や「グラノーラ」。 2. ダッチオーブンで焼かれた「ビスケット」は、ぜひジャムつきでオーダーを。 3. チョコとコーヒー豆は種類が豊富で選ぶのに迷うほど。 4. 天井が高く広々とした店内。カフェからは焙煎の様子も眺められます。 5. ビーガン&グルテンフリーの「レンジャーバー」は、チョコとドライフルーツがたっぷり。 6. 大好きな「レンジャークッキー」。オートミール、ココナッツ、カカオニブ、チョコなどが満載。

Data

118 NE. Martin Luther King Jr Blvd. Portland
☎ (503)388-7701
🕐 7:00am-7:00pm
休 なし
http://www.cupandbar.com
アクセス　12・19・20バス
　　　　　E. Burnside & NE. Grand 徒歩3分、
　　　　　Portland Streetcar NE. Martin Luther King
　　　　　& E. Burnside 徒歩1分
MAP → P.152 A-1

048

PORTLAND 049

人気コーヒーロースターが経営するイタリアンカフェ
Roman Candle Baking Co.
| ローマンキャンドルベーキングコー

　数メートルに及ぶ巨大なテーブルが店の中心にあって、そのテーブルを仕事でパソコンを打つ人、子連れのパパやママ、若者や年配の方など、みんなでシェアするスタイル。高い天井、空間を贅沢に使ったとびきり格好いい内装は、ポートランドを代表するコーヒーロースター「スタンプタウンコーヒー」のオーナーの店と聞けばうなずけます。初めて訪れたとき「これぞポートランド！」と、心の中で喝采しました。

　お腹が減っていたらぜひピザを。大きな格好いいハサミが一緒にサーブされます。もっちり弾力のある生地で、周囲はカリッと香ばしく、1枚ペロリといただけます。

1. ハサミで切ってピザを食べるのもちょっとしたイベント気分。
2. 上にのったクランブルのクリスピーさと、生地のおいしさに感激した「ドーナツマフィン」。ペイストリーもレベル高し。

Data
3377 SE. Division St. Portland
☎ (971) 302-6605
🕘 7:00 am – 4:00 pm
休 なし
http://www.romancandlebaking.com
アクセス　4バス SE. Division & 34thすぐ
MAP → P.153 C-3

050

地元産の材料にこだわった街のパン屋さん
Grand Central Bakery
| グランドセントラルベーカリー

　ダウンタウンにあった語学学校からの帰り道、長いホーソン通りの道半ば、このお店でひとりでぼんやりと休憩するのが定番でした。もともとは家族経営から始まって、シアトルとポートランドに数店舗を展開していますが、1993年にできたこちらは今でも家庭的な雰囲気が守られています。材料は地元産にこだわっていて、パン、焼き菓子に使う材料はもちろんのこと、飲み物やお菓子にトッピングするはちみつも「ビーローカル」というポートランドのメーカーのものを使っていたりします。焼き菓子は全体的に甘さひかえめで安心する味わいなのに、サイズはアメリカンなのでお得な気分です。

1. 大好きな「ジャミー」は、真ん中にくぼみを作り、ジャムを入れて焼き上げたビスケット。2. 地元産野菜たっぷりの「エッグサンド」。3. コクとうま味が強い「ピーナッツバタークッキー」。4. 黒板にはサラダや季節のおすすめのメニューが。

Data

2230 SE. Hawthorne Blvd. Portland
☎ (503) 445-1600
🕐 7:00am – 6:00pm
休 なし
http://grandcentralbakery.com
アクセス　14 バス
　　　　　SE. Hawthorne & 23rd すぐ
MAP → P.152 B-2

PORTLAND 051

焼き菓子の品揃えも朝ごはんメニューも大満足
Woodlawn Coffee & Pastry
ウッドラウンコーヒーアンドペイストリー

「ピーズアンドキューズマーケット」(P.060)のオーナー・ポールに「おすすめのペイストリーがある」と教わったお店です。ポートランダーはお互いの仕事をリスペクトし合うコミュニティがいくつも存在するので、自分が好きなお店の方に「あなたの好きな店はどこ?」と尋ねると、いいお店に出会える確率が高くなると思います。

さっそく訪れてみるとブレックファーストメニューに「オートミール(ポリッジ)」が。オートミールのお粥のようなものですが、私の大好物で、見た目の華やかさにびっくり。たっぷりのフレッシュチェリーにブルーベリー、ローストココナッツやシナモンも効いていて、大満足の朝ごはんになりました。奥の厨房で働くスタッフに「素晴らしいひと皿だった」と伝えると「ポリッジに入れるクレームフレッシュ(サワークリームの一種)も手作りしているのよ!」と教えてくれました。「そういったひと手間が味に奥行きを生んでいるのだな……」と、感心しました。別の日にいただいた「ブレックファーストプレート」には、バターがじゅんわりしみた自家製ブリオッシュトーストに、野菜とチーズ、カリカリベーコン、ポーチドエッグ、季節のフルーツが盛られ、お腹も心も満たされる、フルエナジーなひと皿でした。もちろん焼き菓子やコーヒーもハイクオリティなので、ランチやお茶の時間に訪れるのもおすすめです。

1. ボリュームたっぷりの「ブレッドプディング」。**2.** 日本のお粥のイメージとはかけ離れた「オートミール」は、食物繊維、ビタミン、ミネラルが豊富な栄養食品でもあります。オーダーは14時まで。**3.** ペイストリーがいろいろ並ぶ魅惑のカウンター。どことなくノスタルジックなインテリアに落ち着きます。**4.**「ブレックファーストプレート」のオーダーは13時までなのでご注意を。**5.** 通りに面したオープンエアの席も。**6.** その日のメニューは黒板でチェックを。

Data

808 NE. Dekum St. Portland
☎ (503)954-2412
🕐 6:30 am–5:00 pm
㉹ なし
https://www.woodlawncoffee.com
アクセス 8バス NE. Dekum & Durham 徒歩1分
MAP → P.150 A-2

3

4

5

6

1

全粒粉を使ったペイストリーが人気
Seaster Bakery | シースターベーカリー

　レジ横のスペースにお皿にのった焼き菓子がずらりと並んでいて、どれも茶色い色味ばかり……素朴な佇まいにぐっと来てしまいます。それもそのはず、こちらのペイストリーはすべて100%全粒粉（小麦の表皮、胚芽、胚乳すべてを粉にしたもの。食物繊維や鉄分が豊富）で作っていると聞き、納得しました。そしてどれも甘さひかえめだから、よりいっそう粉の風味が感じられます。

　こちらのお店はベーカリーとピザ屋の共同経営で、お店の中央には立派なピザ用の薪窯があります。ペイストリー担当のアニーは、以前「テーバーブレッド」（P.022）で働いていたこともあるそうで、自分が好きなお店同士がつながっているのがうれしかったです。ぜひ試してほしいのが「ロードトリップ」という名のトースト。全粒粉のパンが、ピーナッツバターと「デュッカ」と呼ばれるエジプトで人気のブレンドスパイス、ローハニー、フレークソルトでおおわれていて、甘くてしょっぱくて風味豊か、一度食べたらクセになる味わい。「デュッカ」は料理家・たかはしよしこさんの名作調味料「エジプト塩」に通じる感じで、「万国共通の、魅惑の魔法のふりかけなんだ！」と、感動したものです。もちろんピザもおいしく、薄手ですが、深いうま味を感じる生地に新鮮な素材がトッピングされて、するすると食べられます。

1. 見た目は素朴ですが、うま味がぎゅっと詰まった焼き菓子たち。2. カルダモン風味のソフトクッキーの上に、自家製アプリコットジャムペーストをたっぷりのせて焼き上げた「アプリコットカルダモンタルト」。3. ゆったりとした店内。4. 季節の野菜とソフトスクランブルエッグがのったトースト。パルメザンチーズがたっぷりとトッピング。5. 一度試してほしい「ロードトリップ」。トースト類のオーダーは12時まで。6. ピザ職人のウィルとペイストリー担当のアニー。

Data

1603 NE. Killingsworth St. Portland
☎ (503)247-7499
⊙ 8:00am−9:00pm
㊡ 火曜
http://seastarbakery.com
アクセス 8バス NE. 15th & Killingsworth
　　　　　 徒歩1分
MAP → P.150 A-2

PORTLAND 055

全米で評価されるアルチザンベーカリー
Little T American Baker
| リトルティーアメリカンベーカー

　オーナーシェフのティムは、アメリカのパン業界での権威ある賞をいくつも受賞しています。その技術を伝えるために日本にも訪れていて、「日本語は読めないけど日本のクックブックは興味深くて、何冊も買って帰ったんだよ」と、うれしそうにパンの本を見せてくれました。研究熱心で、職人肌のティムだからこそ、バラエティに富んだレベルの高いパンが並べられるのだと納得したものです。縁あって、私も何回かペイストリーのお手伝いに入らせていただきました。

　まず驚くのは商品数の多さ。クロワッサンにバゲット、フォカッチャなどなど。焼き菓子類も豊富で、どれも素晴らしいクオリティです。パン屋さんは曜日、時間帯によって表情が変わりますが、たくさんの種類を見たいなら、午前9時くらいに足を運ぶのがおすすめ。ゆったり過ごすなら、平日の午後がいいと思います。

　シンプルにパン生地のおいしさを味わいたいなら、バターとジャムをオプションで追加して、トーストを注文してみてください。私のお気に入りは、スペルト小麦のサワー種ブレッド。むっちりと水分を含んだ生地に、キヌアとフラックスシードも練り込まれていて、粉と穀物のうま味をたっぷり味わえます。手作りパクチーペーストを隠し味に使ったターキーサンドイッチも、ボリュームたっぷりでおすすめです。

1. カラフルなオリジナルポスターがインテリアのアクセントに。**2.** 壁には「小麦、科学、ハンド＆ハート」の文字が。まさにこの店の姿勢を表す言葉。**3.** アップル、ベーコン、チーズが挟まれた「ABC サンド」。**4.** おみやげにもおすすめなグラノーラ。**5.** 真面目で働き者のスタッフたち。**6.** 右の「ハニーティーケーキ」は名前の通り、生地にじゅわっとはちみつ味のシロップがしみ込んでいます。カステラを思わせるなつかしい味。ティーケーキとは紅茶に合わせたいケーキのこと。

Data

2600 SE. Division St. Portland
☎ (503)238-3458
🕐 月～土曜 7:00am－5:00pm
　 日曜 8:00am－2:00pm
🈡 なし
http://littletbaker.com
アクセス　4バス SE. Division & 26thすぐ
MAP → P.153 C-3

PEOPLE IN PORTLAND ★ 2

Earnest & Yuri Migaki / Jorinji Miso
（アーネスト＆ユリ・ミガキ／成林寺味噌）

メイド・イン・ポートランドの味噌作りを続けている、
大好きな友人カップル。
日本の伝統発酵食品である味噌の魅力を、
いろんなかたちで伝えています。

Data
「ニューシーズンズマーケット」
（P.078、カリフォルニア店以外
の全店舗）、「宇和島屋」（全店舗）
で取扱い中
☎ (503) 236-9965
http://www.jorinjisoybeam.com

　「成林寺味噌」は、ポートランドで20年以上続く味噌メーカー。現在は日系アメリカ人のアーネストと、3年前に偶然ポートランドを訪れ、のちに奥さんとなった日本人ゆりさんが、自宅兼工房で、手作りにこだわった非加熱の生味噌を作っています。

　日本人にはなくてはならない調味料の味噌ですが、「ミソスープ」という単語は知られていても、まだまだアメリカではなじみがありません。食に興味がある人、健康意識の高い人たちには「味噌」「出汁」「うま味」といった言葉は認識されているのですが「もっともっと多くの人たちに日本の素晴らしい発酵食品を知ってもらいたい」と、ふたりは積極的にイベントに参加し、デモンストレーションを行っています。味噌汁はもちろんのこと、野菜の味噌炒め、味噌ドレッシングの冷やし中華など、その時季に楽しめる味噌料理を試食してもらって、レシピを渡す。こういった地道な活動で、ポートランドでも確実に味噌のファンが増えています。

　ふたりに出会ったのは、日本から共通の友人がポートランドに遊びに来たとき、一緒に晩ごはんをご一緒させてもらったのがきっかけでした。そのとき私は、慣れない海外生活でどうしようもないさびしさを感じていた時期。ふたりのやさしいもてなしに心がほぐれ、彼らの空間にいるだけで心のケアをしてもらっているような感じでした。後日「何か私にできることがあれば、お手伝いをさせていただけませんか？」とお願いし、お仕事に参加させていただくことに。麹をほぐす、ゆでた大豆と麹をミックスする、でき上がった味噌をパッケージに詰める作業など、たわいのない会話を挟みつつ手を動かしているのが、まさに味噌ヒーリング。微力でもふたりの力に

1. ポートランドで開催された、発酵食のイベントのお手伝いをさせていただきました。**2.4.** 日本のスーパーなどで販売されている味噌は、過発酵を防ぐため加熱処理をされたものが多いのですが、こちらの味噌はこだわりの非加熱・無添加。日本に持ち帰るときは袋を厳重にするなど注意を。**3.** イベントでは「成林寺味噌」を使い「味噌グラノーラ」を作ったことも。こちらのレシピはP.166で紹介しています。

なれていることがうれしくて、以来お味噌の作業以外でも、クリスマスや元旦など、家族の一員のようにご一緒させていただきました。

アーネストもゆりさんも以前はIT関係の仕事に携わるなど、いろんな経緯があって今の仕事を続けています。

「どの仕事も良い経験ができたと思っているけれど、はっきり言えるのは今がいちばん充実しているということ」と、いつもの穏やかな口調でゆりさんは話してくれました。

「自分たちで決めたことを、自分たちの責任で実行している。その実感が得られるのは、大変だけど、心が穏やかでいられることでもあるんです。今はスーパーなどに卸して一般のお客さまに買っていただいているのがほとんどだけど、今後はレストランのプロやシェフに調理して食べていただけるようなかたちも考えていきたいと思っています」

そうなるとお味噌を仕込む量などの問題も出てくるので、ふたりの作業量の限界など、次の課題も見えてきます。スモールビジネスの良さは、肌で感じられる周囲とのやりとり。規模が大きくなるほど人に任せる部分も大きくなったりするのが悩ましいところ。

「それでも自分たちの心地いいと思える規模を考えながら、前に進みたいと思ってます」

穏やかなふたりの話を聞いて、彼らが作った味噌を食べていると、本当にほっとして温かい安心した気持ちになります。それは「人生で大切なことって何？」ということを、ふたりの佇まいから自然に教わっているからだと思います。ポートランドに実家と思えるような場所ができたことの喜びといったら。私も彼らが作り出すお味噌のように、ほっとなるようなお菓子が作りたいと思うのです。

いろんな用途に使える食堂＆デリカテッセン

P's & Q's Market | ピーズアンドキューズマーケット

　入口正面にいろんなデリとスイーツが並んだショーケース、奥や脇のスペースにはおすすめのワインや調味料、チーズにパンに食材。必要なものが揃ってしまう、そのセレクトと置き方が絶妙で、ひと目で「ここが好きだ」と確信しました。お店の裏庭では、オーナーのポールが汗をいっぱいかきながら畑仕事をしていることもありました。近郊の契約農家から届くのはもちろん、自ら育てた野菜もメニューの中に活かされています。ライブやイベントの開催、ケータリングなど多彩な活動を行っており、地元の人たちの街の灯となっていることが伝わってきます。

1. ポートランドのデコレーションケーキ専門ブランド「ドリームケークス」のお菓子も楽しめます。**2.** オートミールやドライフルーツなどおすすめ食材。**3.** 大好きな「フライドポレンタのバーガーサンドイッチ」。コロッケのようなポレンタと野菜がたっぷり挟まれています。

Data

1301 NE. Dekum St. Portland
☎ (503) 894-8979
🕐 月〜金曜 11:00am-9:00pm ／土曜 9:00am-9:00pm
　日曜 9:00am-8:00pm
休 なし
http://www.psandqsmarket.com
アクセス　8バス NE. Dekum & Claremont 徒歩1分
MAP → P.150 A-2

060

ノスタルジックなアメリカ南部料理をどうぞ
Screen Door | スクリーンドア

　アメリカ南部の郷土料理「ケイジャン料理」が食べられるレストラン。いつもお店のまわりには順番待ちの人があふれていて、ボリューム満点、良心的な価格。カロリーを気にせず「ザ・アメリカ」な料理を楽しみたいなら、ぜひ訪ねてほしいお店です。
　厚めのブリオッシュパンにじゅんわりしみ込んだ卵液、大きめにカットされたバナナにキャラメルソースがトッピングされた「フレンチトースト」は一押しのデザート。インパクトナンバーワンは「フライドチキン＆ワッフル」。カリカリのチキンにメープルシロップの「肉＆甘味」なアメリカンスタイルは、ここで味わうのがおすすめです。

Data

2337 E. Burnside St. Portland
☎ (503) 542-0880
🕐 月〜木曜 8:00am-2:00pm、5:30pm-9:00pm
　　金曜 8:00am-2:00pm
　　土・日曜 9:00am-2:30pm、5:30pm-10:00pm
㊡ なし
http://screendoorrestaurant.com
アクセス　20バス E. Burnside & SE 24thすぐ
MAP → P.152 A-2

1.「まるで飲み物のような」と表現したくなるジューシーさの「フレンチトースト」。**2.** クリスピー感が小気味いい「フライドチキン＆ワッフル」。**3.** 温かな色使いのインテリア。ピリ辛で具だくさんな「ガンボスープ」や「ビスケット＆グレイビー」なども人気。

PORTLAND 061

ポートランドスタイルを代表するレストラン

Navarre | ナヴァー

「ポートランド料理」というカテゴリーをつけるのは難しいけど、「ポートランドらしさを感じられる料理」といえば、まずはこのレストランを思い浮かべます。近場で採れた新鮮な季節の野菜を直接農家から受け取って、その味わいを活かせるように調理する。料理はみんなでシェアしながら、ワイワイ食べるのが基本スタイル。日本人にとって「料理をシェアすること」はめずらしくありませんが、個々にサーブするのが当たり前なアメリカにおいては、少し前まで画期的なことだったのです。オーナーのジョンは「フランスに滞在したとき、田舎のファームで農家さんから野菜の扱い方を教えてもらったことが、自分に大きな影響を与えてくれた」と話してくれました。

土日だけやっているブランチで感激したのが、パンにオプションでついてくるジャム。それが作ったそのままの瓶、ラベルも厨房で使うテープにマジックでフルーツの名前を書いただけの素っ気なさ。でも「うちのジャム、好きなだけ食べて」とリラックスするもてなしに、メインが来る前にすっかり満足してしまいました。

オーダーするときは、紙にペンで自ら書き込んでいくスタイル。サイズも大と小を選べるようになっていて、少人数で行ってもいろんな種類を食べたいときに助かります。スタッフの方はみんなフレンドリーで、おすすめのアドバイスもしてくれます。

1. レストランやショップが並ぶ、28th通りの人気店。2.6. 店内にはいつも、季節の植物が飾られていて、ストック類の並べ方にもセンスが感じられます。3. ある日のテーブル。カリカリの「ハッシュドポテト」「トマト入りオムレツ」「かぶとフレッシュチェリーのサラダ」など。パンは「ケンズアルチザン」のもの。4. 季節の野菜をグリルしたシンプルな料理。5. デザートの「デビルズケーキ」はチョコレート生地にアイシングがかかった、コーヒーにぴったりな一品。

Data

10 NE. 28th Ave. Portland
☎ (503) 232-3555
🕐 月〜木曜 4:30pm-10:30pm
　 金曜 4:30pm-11:30pm
　 土曜 9:30am-11:30pm
　 日曜 9:30am-10:30pm
㊡ なし
https://www.navarreportland.com
アクセス 20バス W. Burnside
　　　　 & SE. 28th 徒歩1分
MAP → P.153 A-3

パスタがおいしい素材を生かしたイタリアン

Luce ｜ ルーチェ

　黒と白の市松模様の床、巨大な月桂樹でできたリース、おいしそうなパッケージの調味料やワインがずらりと並んだ棚。入った瞬間からワクワクする店内のこちらは、「ナヴァー」（P.062）の姉妹店のイタリアンレストラン。ポートランドに住んでいて、パスタがおいしいお店にはなかなかめぐり会えなかったのですが、こちらのお店はどれも本当においしい。パスタはすべて自家製で、奥の厨房でスタッフが打っている姿をよく見かけます。例えばオリーブオイルに削りたてのパルミジャーノをふりかけただけのシンプルなスパゲッティもうなるおいしさで、素材と腕の良さが表れています。琥珀色のスープ「カッペレッティインブロード」は、レモン風味のチーズ入りのラビオリが入っていて、こちらも印象に残る味わいでした。

　おすすめは4種類の前菜を選び、パスタがつくランチ。選べる前菜のメニューもいろいろあって、「チキンレバームースのタルティーヌ」「いちじくのレバームースタルティーヌ」「カリフラワーのクロケット」「ビーツのマリネ」「マッシュルームのソテー」「ファローとパルメジャンのパイ」などなど。ふたりで行けば合計8種類！　いろんな料理をちょっとずつ食べたい人には、楽しい時間です。ディナータイムも、サラダやパスタのほとんどはハーフサイズも選べるようになっています。

1. オイルとパルミジャーノのシンプルなパスタ。 **2.** デザートの「バターミルクパンナコッタ」は、ほどよい酸味となめらかな食感で、スイスイ食べられてしまいます。 **3.** 壁にはオリーブの木のカッティングボードが飾られていました。気取りがないけど、センスを感じさせるインテリア。 **4.** レバーのクロスティーニやビーツのローストなどが入った前菜の盛り合わせと「玉ねぎのフォカッチャ」「カペレッティインブロード」。テーブルにはいつも小さな花が飾られています。

Data

2140 E. Burnside St. Portland
☎ (503)236-7195
⏰ 11:00am–10:00pm
㊡ なし
https://www.luceportland.com
アクセス 20バス E. Burnside & SE. 20th 徒歩2分
MAP → P.152 A-2

PORTLAND 065

栄養満点なブレックファーストを食べたい日に
Canteen | キャンティーン

　旅行中だとどうしても、外食続きでかたよった食事になりがち。「たっぷりの野菜、体に負担の少ないものが食べたいな」という気分のときに、おすすめなのがこちらのお店。市民の憩いの場であるローレルハースト公園からも近い、オーガニック＆ビーガン対応のカフェです。
　名物メニューの「ポートランドボウル」は、山盛りのケールににんじん、ブラックビーンズにキヌア、オレゴンを代表するナッツ、ヘーゼルナッツが惜しげなくかけてあって、ゴロゴロと入っているテンペ（大豆の発酵食品）はバルサミコ酢とメープルシロップで味付けされて食べやすい。素材がオーガニックでこの量で$12、日本では考えられないメニューですが、味もとびきりおいしい！
　スムージーやコールドプレスジュースも豊富で、オーナーのブライアンは「マカフレンズのスムージーがおすすめ」と教えてくれました。マカはペルー原産の植物で、非常に生命力が強く、必須アミノ酸などの栄養価にすぐれ、アメリカや日本でも注目されています。そこにバナナやアーモンドバター、デーツなどがミックスされ、濃厚でリッチな味わいに仕上がっていました。

1. 量も多い「ポートランドボウル」。食べ切れなかったらテイクアウト用の容器をもらえるので、活用して。2. オートミールのお粥は12時まで。ココナッツミルク、メープルシロップを注ぎ、数種類のフレッシュフルーツにカカオニブやナッツ類をトッピング。いろんな風味、食感が味わえて、体が喜ぶおいしさ。3. マラソン途中のお客さんも立ち寄ります。4. グラノーラとカシュークリームが層になった「パフェ」もオーダーは12時まで。

Data

2816 SE. Stark St. Portland
☎ (503)922-1858
🕘 9:00am−8:00pm
休 なし
http://www.canteenpdx.com
アクセス 20バス E. Burnside &
SE. 28th 徒歩6分
MAP → P.153 B-3

PORTLAND 067

いつもお客でにぎわうフュージョン料理店
Tasty n Sons ｜ テイスティーンサンズ

　ヨーロッパ、アジア、中近東、アメリカなど、世界各国の料理のエッセンスをミックスしたニューアメリカンキュイジーヌのお店。メニューはバリエーション豊富で、その味もレベルが高く、いつも多くのお客さんでにぎわっています。天井が高く広々とした店内に、フレンドリーな接客と料理をシェアするスタイル、それらすべてを含めて「ポートランドらしいな」と感じるお店です。

　ぜひ食べてほしいのが「デーツのメープルベーコン巻き」。ドライデーツをベーコンで巻き、カリカリにソテーしてメープルシロップで味付けた甘じょっぱいおつまみですが、1個ずつ注文できるので、ぜひひとり1個でオーダーを。肉料理、魚介料理、野菜料理など、どれもおいしくいただけます。また、デザート類も充実しています。オーダーを受けてから小さなフライパンで焼き上げる「コーンブレッド」は、できたての熱々をほおばるのが最高。チョコレート味のサーターアンダギーといった感じの「チョコレートポテトドーナツ」もおすすめです。

　ダウンタウンには「テイスティーンアルダー」「トロブラボ」「ピッツァデルトロ」などグループ店がいくつもあって、いずれも人気店。予約は6人以上でないとできないので、少人数で訪ねるときは、早めの時間帯に行くのがベターです。

1. 毎回オーダーしてしまう「デーツのメープルベーコン巻き」。デーツとはなつめやしのことで、ビタミンやミネラルも豊富なドライフルーツです。**2.**「チョコレートポテトドーナツ」は、バニラの効いたアングレーズソースをつけていただきます。**3.** 小さな鉄製フライパンに、季節のくだものまたはジャムとアイスクリームをたっぷりのせた「コーンブレッド」。**4.** 開店と同時に多くのお客さんでにぎわう、活気のある店内。カウンター席も多いので、小人数での利用にも便利。

Data

3808 N. Williams Suite C. Portland
☎ (503)621-1400
🕘 9:00am-10:00pm
㊡ なし
http://www.tastynsons.com
アクセス　4・44 バス N. Williams & NE. Cook
　　　　　徒歩5分
MAP → P.150 B-2

PORTLAND 069

1

2

3

4

フローズンヨーグルトの新しい魅力に会えるお店
Eb & Bean | イービーアンドビーン

　アイスクリーム好きな私は、実はフローズンヨーグルトをちょっとナメて見ておりました。「アイスとくらべて低カロリーで、さっぱり味」程度の認識だったのですが、こちらのお店は乳製品のものもあれば、ビーガン・グルテンフリー対応もしていたり、マスゴバト糖（フィリピンの風味のある未精製の砂糖）味、ごま味など、アイスクリームに引けを取らないコクのあるフレーバーがあったり、旬のくだものをふんだんに使っていたり。豊富なラインナップでフローズンヨーグルトの無限の可能性を感じさせてくれる、こんなにワクワクするお店が、今まであったでしょうか？ トッピングだけでも35種類、2週間おきに替わるフレーバーもあって、素材もローカル＆オーガニックに力を入れているのだから、まさにオンリーワンなお店だと思います。

　例えばある日のオーダーは、カップの右側に「マリオンベリー（ポートランドを代表するベリーのひとつ）」に、ローカルはちみつとフレッシュブルーベリーをトッピング。左側は「ブラウンシュガーセサミ」に、アーモンドタフィークランブルに、コールドブリューバーボンソースをかけて。こんな贅沢なフローズンヨーグルトに、見た目もお腹も大満足。アイスクリーム好きな人こそぜひ足を運んで、小さなカルチャーショックを味わってみてください。

1. ずらりと並ぶトッピングコーナーは圧巻。こちらやポートランドのアイス店の多くは試食が可能なので、迷ったときは「テイスティングできる？」と尋ねてみてください。2. 店内ではメイド・イン・オレゴンのチョコレートやキャンディも販売しています。3. 容器はカップかコーンを選べます。「ブラウンシュガー」のフローズンヨーグルトに、ビーガン対応の「ココナッツウィップクリーム」とカカオニブをトッピング。4. 黄色い帽子をかぶった白くまのイラストが目印。

Marionberry & Brown Sugar Sesame Frozen Yogurt

Data

3040 SE. Division St. ／ 1425 NE. Broadway Portland
☎ (971)242-8753 ／ (503)281-6081
⏲ 12:00pm–10:00pm
休 なし
http://www.ebandbean.com
アクセス　4バス SE. Division & 30thすぐ
　　　　　8バス NE. 15th & Broadway 徒歩1分
MAP → P.153 C-3 ／ P.150 C-2

PORTLAND 071

ポートランド発アイスクリームの代表ブランド
Salt & Straw | ソルトアンドストロー

　ポートランドのスモールビジネス、アイスクリーム部門での代表といえばこちら。とはいえ、すでに人気になりすぎて、スモールとは呼べない規模になっています。女性オーナー・キムが家1軒を売って、このアイスクリームビジネスを始めたのは有名な話。すべて地元産のオーガニックの材料を使い、地元の人たちとタッグを組んで良いものを作り、活動を広げたいという強いポートランド愛から始まって、今では市内に3店舗、ロサンゼルス、サンフランシスコ、シアトルなどにも出店し、想像を超えた結果を生んでいるのです。そもそもポートランド住人たちのアイスクリーム愛は、かなり強い。「ディナーの〆にアイスクリーム」と考える人が多いようで、夜遅くまでお店のまわりを順番を待つ列が囲んでいます。

　こちらは「シーソルトとキャラメルリボン」「洋なしとブルーチーズ」といった定番のフレーバーはもちろんのこと、月替わりの限定フレーバーもあるので、訪れるたびに楽しみがあります。過去にはベーコンやポテトチップス入りアイスなど、日本人の感覚からするとびっくりするようなフレーバーも登場していましたが、意外にも普通においしかったりして（笑）。こういった「甘じょっぱい」味わいは、アメリカならではだと思うので、勇気のある方はぜひ、一度お試しを。

1. 過去に登場したフレーバー「マイヤーレモンバターミルク、ブルーベリー」。ここのお店のアイスクリームは全体的に、それぞれしっかりと個性が感じられる、満足度の高い味わいです。**2.** 店内では「スミスティーメーカー」など、メイド・イン・オレゴン＆ポートランドの製品も販売。**3.** レギュラーが大きすぎるように感じたら、キッズサイズでワッフルコーンというオーダーもおすすめ。**4.** お店の外にはいつも、自家製のワッフルコーンが焼ける甘い香りが漂っています。

Data

2035 NE. Alberta St.
3345 SE. Division St. Portland
☎ (503)208-3867／(503)208-2054
🕐 11:00am−11:00pm
㊡ なし
https://www.saltandstraw.com
アクセス 72バス NE. Alberta & 21stすぐ
　　　　 4バス SE. Division & 34th 徒歩1分
MAP → P.151 B-3 ／ P.153 C-3

PORTLAND 073

クッキーサンドが人気のアイスクリームショップ
Ruby Jewel | ルビージュエル

　ポートランドは本当にアイスクリーム激戦区だと思います。こちらも厳選されたローカル素材を使ったお店として有名ですが、注目はクッキーサンド。アメリカンタイプのクッキーといえば大判でチューイー（chewy）、日本語で言うねっちりした食感が定番。アイスモナカが日本らしいおいしさなら、こちらはアメリカンなおいしさ。滞在中にぜひ試してほしいと思います。
　クッキーはブラウンシュガー、ダブルチョコ、ジンジャーブレッドなどたくさんの種類から2枚選べるので、上下違うものをチョイスしても楽しいです。

1.「クッキーアンドクリーム」のアイスをチョコチップとソルテッドアーモンドクッキーでサンドした、クッキーづくしの組み合わせ。2. アイスはもちろんカップを選ぶこともできます。3. こちらのお店も試食ができるので、気軽にフレーバーを試してみてください。

Data

428 SW. 12th Ave.
3713 N. Mississippi Ave. Portland
☎ (971)271-8895／(503)954-1978
🕐 日～木曜 12:00 pm－10:00 pm
　 金・土曜 12:00 pm－11:00 pm
㊡ なし
http://www.rubyjewel.com
アクセス　20バス W. Burnside &
　　　　　 NW. 12th 徒歩2分
　　　　　 4バス N. Mississippi & Bechすぐ
MAP → P.149 B-1 ／ P.150 B-1

お酒が効いたアイスを食後のデザートに

Fifty Licks ｜フィフティーリックス

　こちらのメニューには「21歳（飲酒が可能な年齢）以上じゃないと食べられないよ！」という表示のものがいくつかあります。例えば「バタースコッチウィスキー」。食べた瞬間からぽわっと広がる濃厚なウィスキーの風味とクリーミーな食感。厳選された良質素材、化学合成されたものを一切使っていないからこそその上品な味わいです。「大人になってこのおいしさが分かるようになってうれしいな〜」と、結局いつも頼んでしまう、病みつきになるフレーバー。本物のビールフロートやカクテルアイスといったメニューもあって、大人のしゃれたデザートとして楽しめます。

Data

2021 SE. Clinton St. ／2742 E. Burnside St. Portland
☎ (593)395-3333
🕐 月〜木曜2:00pm−11:00pm
　 金〜日曜12:00pm−12:00am
休 なし
https://www.fifty-licks.com
アクセス　4バス SE. Division & 20th 徒歩4分
　　　　　20バス E. Burnside & SE. 28thすぐ
MAP → P.152 C-2 ／ P.153 A-3

1. 人気のディビジョン通りから少し脇に入った穴場的な立地、アイス柄の看板が目印です。2. カウンター右手の壁に、その日のフレーバーが表示されています。3. こちらはバーボン味のアイスクリーム。ディナーのあとに立ち寄るお客さんも多く、深夜まで営業。

PORTLAND　075

小規模ながらも品揃え抜群のコープ
People's Food Co-op | ピープルズフードコープ

　日本でもおなじみのコープ、生活協同組合のお店です。会員制ですが、会員でなくても自由に買い物することができます（レジで「カードを持っていますか？」と聞かれますが「持っていない」と言えばそれでＯＫ）。広くはない店舗ですが、置いてあるものがどれも厳選されているので、生活用品、生鮮食品に加工品、暮らしに必要なものはほとんど揃ってしまいます。

　量り売りのコーナーでは、自分で容器を持ち込めるのが素晴らしい。いつも使っている調味料や洗剤の容器に足せるので、入れ替えの必要もなく、ゴミも減らせるシステム。「日本でも普及するといいのにな」と思います。味噌やキムチ、ザワークラウト、はちみつもいろんな種類が売っています。製菓材料もここでまかなえて、お値段も良心的だったので、住んでいたときはとても助かりました。

　心躍るのが木枠のボックスに入ったペイストリーコーナー。「ビーガン」「ビーガンかつグルテンフリー」「それ以外」の3つの扉に分かれています。「テーバーブレッド」（P.022）「バックトゥーエデンベーカリー」（P.036）「ブラックシープ」など、好きなお店が多く、立ち寄るたびに「今日のおやつ」を選ぶのがとても楽しみでした。

1. 店の奥には居心地のいいイートインコーナーも。 2. 充実の量り売りコーナー。 3. コミュニケーションボードにはいつもチラシがいっぱい。 4.「タウンシェンズティー」の「コンブチャ」は酵素たっぷり。 5. ペイストリーコーナー。 6. オレゴン産のシードル類はパッケージもかわいい。 7. 毎週水曜午後2時より、お店の前でファーマーズマーケットが開催されます。 8. 日本に留学経験もあるポートランダーが手がける「ウミオーガニック」のラーメン。焼きそばにしてもおいしい。

Data

3029 SE. 21st Ave. Portland
☎ (503)674-2642
🕐 8:00am－10:00pm
休 なし
http://www.peoples.coop
アクセス　9バス SE. Powell & 21th 徒歩2分
MAP → P.152 C-2

community-owned

PORTLAND 077

ポートランド発の地元密着オーガニックスーパー
New Seasons Market | ニューシーズンズマーケット

　オーガニックフードのスーパーと言えば全米にある「ホールフーズマーケット」が有名ですが、ポートランドでローカリゼーション、サスティナブルな食と暮らしを提案しているスーパーと言えばこちら。ポートランド市内に十数店舗を構えています。
　私がまず立ち寄るのが「ソリューションズコーナー」。新商品やいち押しの食べ物、飲み物が試せる一角で、コーヒーやアイスティーなどを小さな紙コップでいただけて、試食コーナーではレシピも配布。気に入ったら材料を揃えて家でも作れるようになっているのです。イートインコーナーは地元民の憩いの場。赤ちゃんからご老人まで、仕事をしている人、何かのサークル活動をしている人々、多種多様な使われ方をしていて、なごみます。「スタンプタウンコーヒー」も3種類から選べて、＄2弱とリーズナブル。節約したい学生時代は、どれだけこの場所に助けられたことか。例え誰としゃべらなくても、ここにいるだけでほっとでき、ポートランドという土地の良さが実感できたものでした。
　小さなパックに入ったオリジナルのサラダやデリは、味も濃すぎず食べやすいし、野菜がたっぷり入ったラップサンドなども充実しています。温かいスープもテイクアウト可能。旅で外食に疲れたとき、軽くすませたいときに利用するのもおすすめです。

1. 入口近くにある「ソリューションズコーナー」。ここで試飲の飲み物を受け取って店内へ。スタッフもフレンドリーです。2. デリカテッセンコーナー。3. オリジナルのオーガニック商品はパッケージのイラストもかわいくて、比較的リーズナブルなのでおみやげにもおすすめ。4. 野菜の並べ方にも愛があると思うのです。5.「トレイルヘッド」「スタンプタウン」など地元ロースターのコーヒーも、こんなに種類が。6.「街で最もフレンドリーな店」の表示に、こちらもにっこり。

Data

4034 SE. Hawthorne Blvd.
1954 SE. Division St. Portland
☎ (503)236-4800／(503)445-2888
🕗 8:00am–10:00pm
https://www.newseasonsmarket.com
アクセス　14バス SE. Hawthorne & 41st すぐ
　　　　　 4バス SE. Division & 20th 徒歩1分
MAP → P.153 B-3 ／ P.152 C-2

PORTLAND 079

ポートランド最大規模のファーマーズマーケット
PSU Farmers Market
ピーエスユーファーマーズマーケット

　ポートランドでは各地でいくつものファーマーズマーケットが開催されていますが、その中でも最大規模で、年中通して(冬期は休みになるマーケットが多いのです)足を運ぶことができるのはこちら。ポートランド州立大学の敷地内で、毎週土曜日に開催されています。ローカルに根差したベンダー(出店者)は100軒近く、それでもかなり競争率の高い中から選ばれた精鋭揃いなので、ポートランド内で注目されている生産者にまとめて会うことができます。

　まわりは大きな木や芝生など緑に囲まれており、地元民、観光客で大にぎわい。音楽を演奏しているバンドや、踊っている人や、楽しそうに走りまわっている小さな子どもたち。誰もがゆったりとしつつ、とても自由な雰囲気で、買い物をしたり、軽食を食べたり、心地良く過ごすことができます。ダウンタウンの中心地からもほど良い距離で、気持ちいい散歩を楽しめると思います。

　品揃えは野菜、くだもの、肉、魚といった生鮮食品から加工品まで幅広く、オーガニックの生産者さんも多数出店しています。スイーツ店やパン屋も何軒かあって、「ロレッタジーンズ」(P.028)や、ビスケットで有名な「パインステートビスケット」も定番人気です。ドイツパンの「フレッセンアルチザンベーカリー」のプレッツェルクロワッサンは、まさにプレッツェルとクロワッサンのいいとこどり。あまりのおいしさに一気食いしてしまったほど。出店者は季節で変わるのでウェブサイトで確認を。

　オレゴンはベリー類が名産で、ブルーベリー、ブラックベリー、ラズベリーなどが豊富。それらを使ったジャムやお菓子などもたくさん並んでいます。日本ではちょっぴり高価なヘーゼルナッツも特産品なので、ナッツ好きな人やお菓子作りが趣味な人は、おみやげにおすすめ。ラベンダー屋さんもあって、前を通るだけでもあふれんばかりの天然の香りに癒されます。ベンダーさんはたいてい気さくなので、いろんなコミュニケーションをぜひ楽しんでみてください。

1

Data

1717 SW. Park Ave. Portland
☎ (503)241-0032
🕗 8:30am-2:00pm(4月-10月)
　 9:00am-2:00pm(11月-3月)
毎週土曜開催
http://www.portlandfarmersmarket.org
アクセス　6バス SW. Jefferson & Broadway 徒歩5分
　　　　　12バス SW. Hall & 5th 徒歩5分
　　　　　19・44バス SW. 5th & Harrison 徒歩4分
MAP → P.149 C-1

1. ビーガン&グルテンフリーの「ペチュニアスパイ&ベイストリーズ」はオリーブオイルのケーキがおすすめ。2. 緑に囲まれた居心地のいい空間。3. 日本ではまだめずらしい、赤い皮のじゃがいも。野菜は小ぶりだったり不揃いだったりするのも当たり前で、「それでいい」という感じが何だかうれしい。

PORTLAND 081

PSU Farmers Market

1. ファーマーズマーケットを訪れる人は必ずエコバッグ持参。ほとんどのお店は袋をくれないので注意して。ただクレジットカードが使えるお店が多いのは、さすがキャッシュレス社会のアメリカだと思います。 2. 花農家も出店していて、そのまわりは何とも華やか。さっと簡単にまとめたようなブーケもよく売られていて、住民が野菜と一緒に買っている様子をよく見かけます。 3. くだもの農家がジャムやパイなどの加工品まで手がけていました。ジャムはいろんな種類があり、それぞれ試食可能。 4. グルテンフリーの焼き菓子を販売している「ニューカスカディア」。ポートランドに実店舗もあり、シナモンロールやココナッツスコーンもおいしかったです。 5. 名産のベリー類は大粒で立派。 6. オーガニックのヘーゼルナッツは、味が濃く、香りも抜群なのでぜひ試してみて。 7. こういったパイは「いかにもアメリカ」という感じでつい気になりますが、食べきれなそうで、いつも断念。小さいほうならいけるかも？

PORTLAND 083

PEOPLE IN PORTLAND ★ 3

Mio Asaka / Mio's Delectables
（ミオ・アサカ／ミオズデレクタブルズ）

ポートランドに住み、華やかで魅力的な
お菓子を作っているミオさん。
ローカルの素材もふんだんに使い、
地域に根差したもの作りを続けています。

Data

「ピーエスユーファーマーズマーケット」(P.080)に毎週土曜日出店
☎ (503)765-7012
http://www.miosdelectables.com

　私が「お菓子を作っている」と話すと「じゃあミオさん知ってる？ PSUのファーマーズマーケットでお菓子売っているよ」と、何人もの方が教えてくれました。ポートランドで「お菓子と言えば、Mio's！」と認知されているのです。

　ファーマーズマーケットでお菓子を販売しているお店はいくつかあるけれど、ミオさんのブースは特別華やか。パッと目に入るとぐっと吸い寄せられて、みんなが「きれいね」「アートのよう」と口々に話しています。特にタルトは季節のフルーツが絵を描くように美しく盛られ、食べるのがもったいなく思えるほど。ポートランドの人たちが、毎週のように楽しみに買いに来る様子を目にすると、ミオさんの繊細な感覚、手先の器用さ、味覚の鋭さが、ちゃんと理解され支持されていることに、同じ日本人としてとても誇らしい気持ちになるのです。

　「アメリカに住むきっかけは、グリーンカードが当たったから」とミオさん。抽選で当たると噂に聞いていたけど、その強運の持ち主がここにいたのです。最初はお姉さまが住んでいたフロリダで始まったアメリカ生活。でもいろんなことがなかなか上手くいかなかったそう。

　「ガラリと変わったのがポートランドに移り住んでから。下見に来たときに『ここだ』と確信し、トントン拍子にベーカリーでの仕事もスタートしたんです。そこのオーナーがファーマーズマーケット出身ということもあり、ビジネスチャンスのきっかけをファーマーズマーケットに絞り込みました」。

　もちろん本人の努力や持っている技術やセンスがあってのことだけど、スモールビジネスに寛容で、何か志を持って頑張っている人

084

1. アトリエで作業中のミオさん。**2.** 日本ではグラフィックデザイナーだった経験もあるそうで、ミオさんのお菓子はとにかく美しい。**3.** 夏の間はくだものを使ったパンナコッタやゼリーなど冷菓も登場します。抹茶や酒粕、黒ごまなど和素材を取り入れたお菓子もよく販売しています。**4.** ファーマーズマーケットに出店中。日持ちがするバタークッキーやビスコッティなども販売しているので、おみやげにもおすすめ。

を応援したいというポートランドの気風が後押ししていたのでしょう。いいものがちゃんと評価され、かたちとなっていく。やはりアメリカの中でもポートランドは、特別な場所なのだなと思います。

　アトリエにお邪魔すると、ちょうどモンブランを作る準備の最中。庭で採れる栗のみを使用するからと、栗拾いから仕込みがスタート。「中に入れるぶどうのジャムも、地元でワインを作っている友人のピノノワール種のぶどうを、漉して煮詰めているの」とミオさん。とても手間のかかる作業です。材料はできるだけローカルのものを使いたいと考えているので、「成林寺味噌」（P.058）もご贔屓のひとつ。味噌味のショートブレッドクッキー、チーズケーキなどを作っています。キッシュも同じファーマーズマーケット仲間の農家さんから、物々交換で得た野菜を具にした

り。そうした交流とものの循環も、すごく素敵だと思えました。

　販売のお手伝いをさせていただくと、彼女のお仕事の大変さを身にしみて感じます。商品のネームタグをつけていくだけで、アイテムの多さを改めて実感したり、フレッシュタルトは販売当日に仕上げているから、「一体朝何時から作業しているの？」と気が遠くなったり。マーケット会場に搬入して、設営して、終わったら片付けて。私自身がお店を営んでいたときのハードさを、久しぶりに思い出しました。

　「それでも続けられるのは、お菓子を目にしたお客さまのキラキラした表情から人をしあわせにする力を実感するし、作り手である私もハッピーになれるから。そしてそれを実現させてくれる、ポートランドという土地の力があるからだと思います」。

PORTLAND MINI GUIDE

Alder & Co.
アルダーアンドコー

素敵な花屋さんと一体になった、生活雑貨、服、アクセサリーなどのセレクトショップ。「スウィーディーディー」(P.026) などポートランドの人気店でも活用されているディナ・ノーの器や、センスのいい花器類、グッドデザインなキッチン雑貨などが充実しています。

616 SW 12th Ave. Portland
☎ (503) 224-1647
MAP → P.149 [B-1]

Powell's City of Books
パウエルズシティオブブックス

ポートランド一の品揃えの、図書館のような本屋さん。新刊も古本も一緒に扱うスタイルで、在庫は何と100万冊以上。料理本やハンドクラフトコーナーの充実ぶりは目を見張るものが。1階には「ワールドカップコーヒー＆ティー」のカフェが併設されています。

1005 W.Burnside St. Portland
☎ (503) 228-4651
MAP → P.149 [B-1]

World Foods
ワールドフーズ

食のセレクトショップで、世界50か国から集めた食材・お酒の他、メイド・イン・オレゴンの品も多数揃っているので、おみやげ探しにも便利。地中海料理のデリ（自家製ピタパンやフムスなど）がおいしいので、軽い食事にイートインを利用するのもおすすめです。

830 NW Everett St. Portland
☎ (503) 802-0755
MAP → P.149 [B-2]

Flutter
フラッター

洋服、雑貨、本、ステーショナリーなど、ビンテージから新しいものまで、女性オーナーのセンスによって集められた宝箱のような雑貨店。地元アーティストの作品やポートランドのメーカーのコスメやフレグランス類などもあって、見ていてワクワクするお店です。

3948 N. Mississippi Ave. Portland
☎ (503) 288-1649
MAP → P.150 [B-1]

Pistils Nursery
ピスティルスナーサリー

ポートランダーに愛される園芸店。植物自体を日本に持ち帰ることはできませんが、グッドデザインのガーデングッズやプランター、テラリウム用のボトル、ミニチュア、石などを見ているのが楽しい。私や友人はここで、色のきれいな鉱物を買ったりしました。

3811 N. Mississippi Ave. Portland
☎ (503) 288-4889
MAP → P.150 [B-1]

Monograph Bookwerks
モノグラフブックワークス

ポートランドのコンテンポラリーアートブック専門店。写真プリントやミッドセンチュリーの陶器などを扱うギャラリーでもあります。世界中から集められたというレアな新旧の本は一見の価値あり。数ドルで購入できるアメリカ各都市の古地図もあって、ポスターにも良さそう。

5005 NE. 27th Ave. Portland
☎ (503) 284-5005
MAP → P.151 B-3

Bollywood Theater
ボリウッドシアター

店主は「シェパニーズ」(P.096)で4年働いたのち、インドのストリートフードを現地で食べ歩き研究したというユニークな経歴の持ち主。ポートランドでローカルの食材を使いながら、オリジナルインド料理を提供。店内はカラフルなインド雑貨に彩られて楽しい雰囲気です。

2039 SE. Alberta St. Portland
☎ (971) 200-4711
MAP → P.151 B-3

Cord
コード

センスの良いショップが並ぶアルバータ通りにある、雑貨のセレクトショップ。サイクリング時に便利なポートランド製のバッグやキャンプ用品、アクセサリー、ステーショナリー、インテリア雑貨など。数は多くはありませんが、ツボをついた品揃えが人気。

2916 NE. Alberta St. Portland
☎ (971) 717-6925
MAP → P.151 B-3

Townshend's Division Street Teahouse
タウンシェンズディビジョンストリートティーハウス

紅茶、中国茶、ハーブティー、チャイなど、幅広いラインナップが魅力の茶葉専門店。「タウンシェンズ」のティーハウスはポートランドに4店舗あり、クオリティの高いお茶が良心的価格で飲めるので、それぞれの店内はいつも地元の人たちでにぎわっています。

3531 SE. Division St. Portland
☎ (503) 236-7772
MAP → P.153 C-3

Laurelhurst Park
ローレルハースト公園

ポートランド市が管理する、市民の憩いの場。子どもたちが遊ぶ遊技場や、水鳥たちが泳ぐ大きな池、広大な芝生や樹齢を重ねた針葉樹の森など、時間帯や季節によって、それぞれに美しい表情を見せてくれます。街歩きに疲れたら、ここでゆったり過ごしてください。

3756 SE. Oak St. Portland
MAP → P.153 B-3

PORTLAND 087

私の好きなポートランドみやげ

オーガニックへの意識が高く、スモールビジネスが盛んなポートランドは、気の効いたおみやげが豊富。私や友人たちがよく日本に持ち帰るギフトを紹介します。

PSU Farmers Market × Shopping Bag

「PSU ファーマーズマーケット」エコバッグ

ファーマーズマーケットでの買い物はエコバッグ持参が基本ですが、現地でもオリジナルバッグが購入可。軽くて丈夫なので、旅の間1個あると何かと便利です。$15／「ピーエスユーファーマーズマーケット」(P.080／MAP → P.149 C-1)

30 Birds to known in Portland

ポートランドバードカード

ローカルなアーティストが制作した、ポートランドで見ることができる野鳥30種をイラスト解説したカードセット。壁に飾ったり、本のしおりがわりに使ったりと、いろんな楽しみ方ができそう。$20／「フラッター」(P.086／MAP → P.150 B-1)

Portland Bee Balm × Lip Balm

「ポートランドビーバーム」 リップクリーム

ポートランドの養蜂家による、化学製品を一切使用していないハンドメイドのリップクリーム。抜群の保湿力で、製造元はみつばちの保護や環境保護にも積極的です。$2.99／「ニューシーズンズマーケット」(P.078／MAP → P.153 B-3) など

Trail Butter × Single-Serve Packet

「トレイルバター」 ミニサイズ

ファーマーズマーケットから始まったという低糖質、オールナチュラル、グルテンフリーのエナジーフード。アスリートにも人気だとか。ポートランド産製品を扱うお店などで販売中。$2／「メイドヒアピーディーエックス」(MAP → P.149 B-1) など

Courier Coffee Roasters × Coffee Beans

「クーリエコーヒーロースターズ」 コーヒー豆

信頼のおける仕入れ業者から届く、その時季いちばん良い生豆を選び、焙煎をしているコーヒー豆。日本の豆とくらべて浅煎りで、豆のフレッシュな風味がしっかり味わえます。$9〜／「クーリエコーヒーロースターズ」(P.046／MAP → P.149 B-1)

Xocolatl de Davíd × Chocolate Tablet

「ショコラトル・デュ・デイビッド」 チョコレート

地元の作り手と各種コラボを行っている「ショコラトル」のチョコレート。左は塩ブランド「ジェイコブセン」、右は「成林寺味噌」(P.058) とのコラボ。味噌入りチョコは新鮮な味わい！ 各$8.99／「ワールドフーズ」(P.086／MAP → P.149 B-2) など

PORTLAND 089

Alma Chocolates × Chocolate

「アルマチョコレート」
チョコレート

ポートランドで人気のハンドクラフトチョコブランド。厳選素材を使い、女性オーナーならではの感性が活かされた見た目もかわいいチョコは、おみやげに喜ばれること間違いなし。各$6／「アルマチョコレート」（MAP → P.153 A-3）

Jacobsen Salt Co. × Flake Salt

「ジェイコブセン」
携帯用ソルト

オレゴンコーストの海水を使い、昔ながらの平釜製法で作られたハンドメイドのフレークソルト。外食や旅行時など、「ちょっと味が足りないな」というときに、とても便利な一品。$2.49／「ワールドフーズ」（P.086／MAP → P.149 B-2）など

Camamu × Handmade Soap

「カマム」
ハンドメイドソープ

小さなスタジオでひとつひとつハンドメイドで作られているソープ。原料は100％ナチュラル、保存料やパラベン、人工香料などは一切不使用。保湿効果も抜群です。$4.99／「ニューシーズンズマーケット」（P.078／MAP → P.153 B-3）など

Aaron Murray × Ceramic Art

アーロン・マーレイ
鳥オブジェ

ポートランドからも近い、シアトル在住のセラミックアーティストの作品。アートピースなので同じものは手に入りませんが、フクロウやネコなど動物モチーフの像が愛らしい。$26／「モノグラフブックワークス」（P.087／MAP → P.151 B-3）

Betsy's Best Bar None × Food Bar

Dina No × Flower Vase

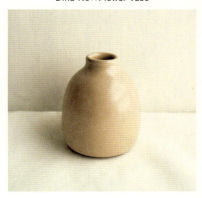

「ベッツィベストバーノン」
フードバー

100％オーガニックの原料を使った、ポートランド製のフードバー。ビーガン、グルテンフリーで、ペパーミントチョコやダークチョコなど、いろんなフレーバーが楽しめます。$3.29／「ワールドフーズ」(P.086／MAP → P.149 B-2) など

ディナ・ノー
フラワーベース

ポートランド在住の陶芸家、ディナは「スウィーディーディー」(P.026) でも使用されている器の作り手。ニュアンスのある色合いの釉薬と、ぽってりとしたフォルムが魅力です。$32／「アルダーアンドコー」(P.086／MAP → P.149 B-1)

Steven Smith Teamaker × No.72 White Petal

「スティーブン
スミスティーメーカー」
ホワイトペタル

「スミス」はポートランドを代表するティーメーカー。私のいちばんのお気に入りは、中国の白茶、金木犀、カモミールのブレンド。気軽なティーバッグタイプです。$11.99／「ニューシーズンズマーケット」(P.078／MAP → P.153 B-3) など

※価格は2018年3月現在のもの。
店舗によって価格の違いもありますので、あくまでお買い物の参考に。

PORTLAND 091

Part 2

BAY AREA

BERKELEY, SAN FRANCISCO, OAKLAND

TRAVEL INFORMATION / BAY AREA

■ 基本情報

　カリフォルニア州北部の大都市・サンフランシスコを中心に、その近郊の都市を含めたサンフランシスコ湾の湾岸地帯をまとめて「ベイエリア」と呼びます。この本で紹介しているお店があるバークレー、オークランドも含まれます。このあたりは一年を通じて温暖な気候で、日本から旅で訪れると、夏は涼しく（ときには寒く）、冬は温かく感じるのが特徴です。季節ごとの温度差は少ないものの、海沿いなので、朝夕に霧が発生することも多く、一日の中でも気温や天気がめまぐるしく変化し、朝晩は冷え込むことが多いので注意。真夏の旅行でも、長袖の服は忘れずに。春から秋にかけては日差しが強いので、サングラスや日焼け止めがあると安心です。おすすめの時期はフルーツが充実している6月から11月あたり。12月から2月にかけては雨が多いので、雨用のコートや雨に強い靴を持参するようにしましょう。

■ 日本からベイエリアへ

　サンフランシスコ国際空港へは日本航空、全日空、ユナイテッド航空などが、成田・羽田・関西空港から直行便を毎日運航しています（2018年3月現在）。飛行時間が9〜10時間（往路は約10〜11時間）。夕方に出発し、現地時間の朝から昼前に到着する便がほとんど。またオークランド国際空港も、バークレーなど今回紹介しているエリアへのアクセスが便利で、ベイエリアとポートランドを続けて旅したいときは、国内移動で活用するのもおすすめです。サンフランシスコとポートランド、オークランドとポートランドの移動も、複数の航空会社の直行便があり、飛行時間は1時間30分〜2時間弱ほど。日本からの航空会社との提携航空会社を利用するといいと思います。
　サンフランシスコ国際空港から市内中心地、バークレーまでは「BART」（後述）が便利で、所要時間は30〜50分ほど。タクシーや「Uber」（後述）は20〜40分ほどです。

■ ベイエリアの交通

【BART】

　サンフランシスコとイーストベイを結ぶ鉄道網。サンフランシスコ国際空港からは国際線ターミナルの駅から乗車します。サンフランシスコ中心地からオークランド、バークレーへの移動もこちらが便利。「BART TICKETS」と書かれている券売機でチケットを購入します。行先ごとに料金が違うので、確認してください。ほとんどの券売機はクレジットカードも使用可能で、まれにおつりが出ないものがあるのでご注意を。改札機にチケットを入れ、上から出てきたチケットを引き取ると、自動的にバーが開きます。BARTは自転車も同乗できるので、入口横の座席がないスペースは、自転車と一緒の方や車椅子の方に譲るように。また、入口近くの座席は体が不自由な方の優先席になっているので、元気な方は必ず席を譲るようにしましょう。

【ミュニバスとミュニメトロ】

　サンフランシスコ市内約50の路線で巡回するバス「ミュニ(Muni)バス」と路面電車の「ミュニ(Muni)メトロ」、観光客に人気の「ケーブルカー」。いずれもSFMTA社が運営しています。これら3つで共通で使える「ミュニパスポート」は1日券（$22）、1週間券（$43）などが販売されています。こちらはケーブルカー発着所にあるチケットブースやサンフランシスコ観光案内所（後述）で手に入り、またスマートフォンの「MuniMobile」のアプリからでも購入可能。ルートマップも観光案内所で無料配布されています。
　ミュニバス、ミュニメトロの1回の運賃は現金だと$2.75（アプリだと$2.50）。バスは乗車時に支払いますが、おつりが出ないので、細かいお金を準備しておきましょう。メトロは地上の区間、地下の区間があり、地上のと

きはバスと同じように前払いで（こちらもつり銭が出ません）。地下の場合は、券売機でチケットを購入し、自動改札を通ります。

【AC トランジットバス】

バークレー、オークランド市内は「AC トランジット」社が運営するバスが運行しています。一回の運賃は＄2.25、一日券は＄5。乗車時に料金を支払いますが、やはりおつりが出ないので、細かいお金を準備しておきましょう。降りたい停留所が近づいたら、停車ボタンを押すこと。バスの路線図は、バークレー観光局（後述）でもらうことができます。サンフランシスコ内を走る「ミュニバス」や「ミュニメトロ」の1日券などは使うことができないので、「今日はサンフランシスコ内を歩く日」「今日はバークレー内を」という風に分けたほうがいいと思います。また、時刻表はありますが、ほとんどその通りには来ないので、あくまで目安にしてください。

【Uber】

一般人が運転する自家用車をタクシー代わりに配車するシステム「Uber（ウーバー）」は、ベイエリアでもかなり普及しています。支払いはクレジットカード決済、チップは不要、行先を入力すれば事前に金額も分かるので、使い慣れるとかなり便利です。日本語サイトで登録しておけば、そのままアメリカでも使えます。

【Google Map】

ベイエリアでの街歩きでも、「Google Map」を活用すると便利。現在地から目的地を入力して検索すると、どのバスを使うと良いか、徒歩なら何分かといったことを瞬時に教えてくれます。いくつかのルートを検討して、体力や金銭面と相談しながら、自分にいい方法で、街歩きを楽しんでください。

■ 情報収集

ベイエリアでは多くのホテルやカフェで、無料Wi-Fiがつながります。パスワードが必要な場合は、お店の方に尋ねてみてください。

サンフランシスコのパウエルストリート駅そばにある「サンフランシスコビジターインフォメーションセンター」（MAP → P.159 B-3）では、ミュニバス＆メトロの路線図や市内地図、観光客向け情報誌などが無料でもらえます。またバークレーの「バークレービジターインフォメーションセンター」（MAP → P.157 B-3）でも、AC トランジットバスの路線図や市内地図、日本語のバークレーガイドなどが無料でもらえます。サンフランシスコ観光局のウェブサイト「サンフランシスコトラベル」（http://jp.sftravel.com/）でも、旅の基本情報が網羅されているので、イベントなどをチェックしてみてください。

※料金、運行状況などは2018年3月現在の情報です。

BAY AREA 095

ローカル&オーガニックな食のパイオニア
Chez Panisse | シェパニーズ

　初めて訪れたのは今から10年ほど前のこと。そのとき食べたものが何か、今は思い出せないけれど、あの空間で味わった幸福感だけは強く残っています。落ち着いた照明、お客さまとスタッフが一体となった穏やかな空気の中、ご年配の常連客の方がホール担当のスタッフと親しげに話していて、まるで自分が素敵な映画のワンシーンに迷い込んだかのよう。「ここには特別な何かがある」。その後まさか自分がペイストリーでインターンをさせてもらうなんて、夢にも思っていませんでした。

　創業は1971年。オーナーのアリス・ウォータースはアメリカにおけるスローフードの立役者として、地産地消や有機的な農業の大切さを伝え続けてきました。大量生産や効率優先の食業界に対しての「本当の豊かさとは何？」という問いかけは、全米はもちろん世界中の料理人たちに影響を与えています。地元生産者たちから届く新鮮な素材そのものの良さを引き出すため、料理はどれも、いたってシンプル。けれど調味料も高品質で、火の入れ具合、切り方の厚み、和え具合なども最高のバランスを見定めています。毎日ランチタイム前に、スタッフ全員で試食し、意見交換を行います。インターンの仕事は大変でしたが、このまかないタイムが至福の時間。シェフ、サービス、ワイン担当、バーテンダー、洗い場、予約を受ける人。すべてがプロフェッショナルで、チームの一員。そこからあの「シェパニーズ」の空気が生まれ、しあわせな空間が保たれるのだと実感したものでした。

　素材重視の姿勢を象徴しているように思えるのが、カフェのデザートメニューのトップにある「フルーツボウル」。その時季ベストな状態のくだものを盛っただけのものですが、「最高のフルーツは、どんなデザートにも勝る」というアリスの想いが込められています。この「最高のフルーツを見極める」という作業も、毎回慎重に1個1個見て触れて、かなり時間のかかる作業。創業以来大切にしてきた農家との信頼関係があってこそ提供できるものなのです。

1

Data

1517 Shattuck Ave. Berkeley
☎ (510)548-5049(カフェ)
　 (510)548-5525(レストラン)
🕐 (カフェ) 月～木曜11:30am-2:45pm、5:00pm-10:30pm
　　 金・土曜11:30am-3:00pm、5:00pm-11:00pm
　　 (レストラン) 月～土曜5:30pm～、8:00pm-0:00pm
🚫 日曜
http://www.chezpanisse.com
アクセス　18バス Shattuck Av. & Vine St. 徒歩1分
MAP → P.157 A-3

1.「シェパニーズ」のシンボルツリー、ブンヤパイン。**2.4.** 店内はランチとディナーがあるカフェ（2階）、ディナーのみのレストラン（1階）に分かれています。**3.** オープンキッチンのカウンターには、いつもスタッフが時間をかけ、くだものや野菜、焼き菓子などを美しくディスプレイしていました。**5.** 温かみのある銅をふんだんに使ったインテリアは、アリスの好みだそうです。お客さまがまだいない早朝の仕込み時間でも、スタッフのために美しい照明が灯されていました。働く人々の心の潤いも、大切にしています。**6.** インターン時、アリスとともに。

BAY AREA　097

1. ある日のメニュー。「フェンネルとブラッドオレンジ、ウォータークレスのサラダ」。シンプルなシャンパンヴィネグレットソースで、素材の味わいが引き立ちます。2.「スモークされたタラとチコリー、いくら、ディルのサラダ」。タラの火の入れ具合が絶妙。3. アリスのお気に入りでデザートメニューに必ずある「季節のフルーツのガレット」。この日はりんごとサワーチェリー。4.「ワイルドマッシュルームラグーのタリアテッレ」。「シェパニーズ」のパスタはどれも、毎朝手打ちで作っています。

Chez Panisse

5. この日の「フルーツボウル」は洋梨とぶどう。ナイフが1本添えられていて、自分でカットしながらいただきます。**6.** 日づけの入ったメニュー表は、食事のたびに思い出として持ち帰っています。クラシックなデザインも素敵。**7.** ある日のデザート。ブラッドオレンジと金柑がのった「タンジェリンシャーベット」。冬はシトラス類のデザートが充実。メレンゲが下に敷いてあります。

PEOPLE IN BAY AREA ★ 1

Carrie Lewis / Chez Panisse
（ケリー・ルイス／シェパニーズ）

インターンを経験した「シェパニーズ」の
ペイストリーシェフを務めるケリー。
努力家で穏やかなその人柄から、
本当にたくさんのことを学びました。

Data
「シェパニーズ」（P.096）参照。

　「シェパニーズ」でのインターンの初日、「朝9時に来てください」と指示があったので、レストランのエントランス脇にある、関係者しか通らない通路を歩いて向かいました。ものすごい緊張で、頭は真っ白。出迎えてくれたペイストリーのシェフ、ケリーがそんな私の状況を分かってくれて、ロッカーに案内し、着替えのことや「通路が狭いので角で人とぶつからないよう気を付けてね」といったことまで、ていねいに説明してくれたのです。話してすぐにケリーの穏やかな人柄に安心し、現在まで、その印象はずっと変わりません。
　フロリダ育ちのケリーは、大学生の頃に大好きなベーカリーがあって、通ううち次第にオーナーさんと親しくなっていきました。
　「そこのベーカリーはオールハンドメイド。大量生産ではなく、フルーツも新鮮なものを使っていて。まわりの他のパン屋さんは冷凍生地や缶詰を使っているのが主流だったので、おいしさがまるで違ったの」。
　大学を卒業する頃に「私がすべてのベーキングを教えるから、ここに来なさい。あなたならできるから」とそのオーナーさんから声がかかり、ベーキングの世界に。世界中を旅して、パン作りもパリで学んだオーナー。「シェパニーズ」が大好きで何度も訪れており、「アメリカ中を旅したけれど、オーガニックでシンプルでピュア、こんなお店は他にはない」と絶賛していたそう。そのお店で2年が過ぎ、ケリーはさらに学びを深めたい思いが強くなり、カリフォルニアの料理学校に見学に行くと決心。オーナーさんはそんな彼女に「シェパニーズで食べてきなさい」とお金を包んでくれたそう。
　「そのおかげでディナーに行くことができた。I want to be here. ここで私は働く。そのと

1. インターン中によく耳にした「チーム」という言葉。ここに集まった仲間で、最高のものを作っていく。チームのまとめ役だったケリーは根気よくていねいに、ペイストリーのチームをまとめ上げていきました。**2.** その季節にある最高の素材を使い、仕上げられた「シェパニーズ」のデザート。**3.** ペイストリーチームがまかないを食べる場所だった、従業員専門の階段通路。私には、最高に学びが多い食事場所でした。

きはっきり分かったの」。

　学校の学費も自分で賄うために、朝5時からベーカリーで働き、夜に始まる授業を受け、家に帰ってくるのが深夜。そんな生活を1年続け、学校を卒業する頃にはそのベーカリーのペイストリーシェフに任命されるまでに。ある日「シェパニーズがスタッフを募集しているよ」と友人から知らせがありました。採用試験にはデザートのプレーティング（盛り付け）があったそう。

　「面接前の3日間、やったことのないプレーティングを必死で練習したわ。結果は、不採用。もうショックで、ショックで……。私以外の誰かが選ばれたということに」。

　再びチャンスが来たのは半年後。今度は2種類のデザートを作り、シェフ全員が審査するというもの。「シェパニーズ」の書籍を徹底的に勉強し、最良と思うデザートを考え何度も作って練習を。そのプレートは「最高にラブリーなプレゼンテーションだ」とシェフたちに絶賛されたそう。

　あのとき「シェパニーズ」で食事をしていなかったら、フロリダのベーカリーでオーナーに出会えてなかったら……。ケリーはそう振り返りますが、今彼女があの場所にいるのは偶然ではなく必然だと思います。きっかけがあっても、つかんでいく、続けていくというのは、本人の情熱次第だから。

　インターン中、彼女から学んだことはとても大きい。デザートのこともいっぱい教わったけど、お菓子を作る以前のことに、彼女から教わることがたくさんあった。穏やかだけど、いいものを作りたいと学び続ける情熱、ぶれない姿勢。まだまだ発展途上な私だけど、彼女から学んだことを、自分の仕事でも伝えることができたら……と思っています。

地元民から愛される朝ごはんに訪れたいカフェ
Bartavelle Coffee & Wine Bar
│バータヴェルコーヒーアンドワインバー

「シェパニーズ」(P.096)のアリスがオーナーだった「カフェファニー」のあと地を受け継いだお店で、バークレーの名ベーカリー「アクメブレッド」(P.140)のお隣。オーナーのスザンヌも長年「シェパニーズ」に勤め、アリスの哲学を引き継いでいます。地元のお客さんがひっきりなしに訪れ、地域の交流場として親しまれています。

メニューはそれほど多くはないけれど、それぞれがひとつひとつおいしい。シンプルだけどなぜかあとを引く、「また食べたい」と思わせるものばかり。例えば「ペルシア風ブレックファースト」は「アクメ」のフォカッチャにたっぷりのハーブサラダ、フェタチーズ(山羊のチーズ)がセットになったメニュー。オリジナルのハーブソルトや自家製ピクルスが添えられています。どれも惜しみなく盛られていて、組み合わせも絶妙、ヘルシーだけど満足度の高いセットです。「アボカドトースト」もあればぜひ。お粥好きとして外せない、5種類の雑穀を炊いた朝食メニューの「ポリッジ」はスイート系と、セイボリー系両方あって、スイート系ならメープルシロップかブラウンシュガー、セイボリー系ならギー(バターオイル)&岩塩か、ごま油&ごま塩のどちらかを選び、トッピングしてもらえます。やさしい口当たりで、お腹にしみ渡るおいしさ。最高の素材にひと味のアクセント、そのバランスが素晴らしいのです。

1.「カフェファニー」の名残りで、外観には「CAFÉ」の文字が。2. 注文と会計をすませ、奥のカウンターで受け取ります。3. 右奥が「ペルシア風ブレックファースト」、ゆで卵をつけた「ポリッジ」、金柑のコンポートがのった「リコッタチーズと季節のフルーツのオープンサンド」。4. 調味料なども販売。5. オリジナルのバッグ。6.「トマトのオープンサンド」は完熟トマトに手作りアイオリ、ハーブ、岩塩でパーフェクトな味わい。7. ブラウンシュガーをのせた「ポリッジ」。

Data

1603 San Pablo Ave. Berkeley
☎ (510)524-2473
🕒 月〜木曜7:00am−3:00pm
　　金・土曜7:00am−5:00pm
　　日曜8:00am−3:00pm
　　※ブレックファーストは11:00amまで
㊡ なし
http://www.bartavellecafe.com
アクセス　52バス Cedar St. & San Pablo Ave. すぐ
MAP → P.156 A-2

BAY AREA 103

テイクアウトメインのオーガニックフード店
Standard Fare | スタンダードフェア

「シェパニーズ」（P.096）やサンフランシスコ市内の人気店「ズニカフェ」で長年働いていた女性シェフ、ケルシーがオーナーを務めるお店。材料はすべて地元の生産者から届くオーガニック素材で、とびきりおいしい朝ごはんやランチがいただけます。バークレーの中心地からは外れていて、わざわざ伺う感じの場所ですが、お昼どきなどはひっきりなしのお客さん、その人気ぶりが伺えます。

　ランチのおすすめはサンドイッチのハーフサイズとスープのセット。野菜たっぷりのフォカッチャサンドはパンも自家製で、挟まれる野菜も日替わりで変化します。「本日のスペシャルランチ」は、魚のフライやフライドチキンに、フレッシュサラダや自家製ピクルス、ローストされた野菜などが添えられていて、ハーブやスパイスのちょっとした効かせ方がいつも素晴らしい。日本でも数年前に話題になったジャー（瓶）入りスイーツはベイエリアでも人気で、季節のくだものを使ったパフェは、ぜひ試してほしい一品。料理やデザートは全体的にやさしい味わいでありながら満足度が高く、量も多すぎず少なすぎず、ちょうどいい。心から満たされて、しみじみ「おいしいな～」と感じます。お店の空気感にケルシーの温かい人柄が表われていて、いつ行っても必ずしあわせな気分になれるのです。

1

1. パッションフルーツとマイヤーレモンクリームのパフェ。2. レンガ造りが印象的な建物は、もともと港の倉庫として使われていたもの。3. 朝食やランチにぴったりな品が並ぶカウンター。4. サンドイッチとハーフサイズのスープのセット。この日はベイクドリコッタチーズとかぶのサンドに、にんじんとキャベツのスープでした。5. ミニサイズの「ベビービスケット」は、自家製ジャムとバターが添えられています。6. 旬のフルーツをのせたオリーブオイルのケーキ。

Data

2701 8th St. Berkeley
☎ (510)356-2261
🕐 月～金曜8:30am-4:00pm
　 土曜8:30am-3:00pm
　 ※ランチ、ブランチ（土曜）は11:00amより
㊡ 日曜
http://standardfareberkeley.com
アクセス　36バス 7th St. & Grayson St. 徒歩3分
MAP → P.156 C-2

各時間帯によって使い勝手のよい老舗カフェ
Elmwood Cafe ｜エルムウッドカフェ

　こちらは学生街・バークレーのカレッジ通り沿いにある老舗カフェ。黄色いストライプ柄のかわいい布ひさしが目印。活気がありつつどことなく風格のある店内は、100年以上前の建物をリノベーションして利用しているそう。ベイエリアでは開店が早いお店は閉店も早いのが通常なのに、ここは夜9時までオープン。朝ごはんにブランチ、軽めのディナーから焼き菓子のテイクアウトだけでもOK。価格も比較的良心的で、お店の雰囲気もオープンで入りやすい。何かと使い勝手のいい、頼れるカフェです。ベイエリアに住むようになって、「シェパニーズ」（P.096）のケリーに「ヒトミ知ってる？　おすすめのカフェよ」と推薦されたこともありました。

　パニーニや「BLT」などサンドイッチのメニューも豊富で「アクメブレッド」（P.140）のパンを使っているのもうれしい。ある日頼んだ「スパイスチキンバゲットサンド」は、クミン風味の鶏むね肉が香菜ペーストと挟んであって、野菜もたっぷり。サンドのまわりにもあふれんばかりのサラダで、このひと皿で充分満足の晩ごはんになりました。人気のワッフルは、レモンカードにフレッシュブルーベリー、かぼちゃペーストを練り込んだ生地にホイップクリームとシナモンパウダーなど、季節によって組み合わせる素材にバリエーションがあり、そのときどきで発見があります。

1. いつでも人でにぎわっている人気店。外にはテラス席も。2. オレンジレーズンスコーン、バターミルクビスケット、ブルーベリーマフィンなど、自家製の焼き菓子が豊富なのがうれしい。3. 地元野菜をたっぷり使った「スパイスチキンバゲットサンド」。添えられたサラダもうれしい。4. コーンミール生地にくだものが添えられたワッフル。カリッともちっのバランスがよく、食べごたえ抜群です。5. アメリカのダイナーとヨーロッパのカフェが融合したような、居心地のいい店内。

Data

2900 College Ave. Berkeley
☎ (510)843-1300
🕐 7:00am−9:00pm
Ⓟ なし
https://www.elmwoodcafe.com
アクセス　51B バス College Ave. & Russell St. すぐ
MAP → P.157 C-4

オーガニック食品も充実なローカルスーパー
Berkeley Bowl | バークレーボウル

　私のホームステイ先から近くにあったため、バークレーでいちばん身近に感じているスーパーがこちら。市内に２店舗あります。野菜、くだものが並ぶ生鮮食品コーナーの広さはすごくて、オーガニック品も豊富、改めて農業大国アメリカの底力を感じられると思います。旬の素材がお値打ち価格になっているお買い得コーナーでは、住民たちがうれしそうにチェリーをたっぷり袋に詰めていたりして、活気があります。

　私がよく活用していたのは、量り売りコーナー。ケーキ用の粉やオーガニックシュガー、アーモンドプードルなどをいつもこちらで調達していました。袋に詰めてある商品もあり、オーガニックの紅茶、ココナッツフレーク、ドライフルーツなどが必要なポーションと良心的な価格で買うことができて、とても助かっていました。

　意外なことにお惣菜コーナーでは、オリジナルのお寿司やおにぎりが充実していて、イートインコーナーではおしょうゆも常備。日本食人気が伺えます。私もここのしゃけおにぎりに何度か救われたので、旅で日本食が恋しくなったときの隠れスポットとしておすすめです。パンコーナーには「アクメブレッド」（P.140）が山のように並んでいますが、閉店間際に寄ると品薄になっていたりするので、本当にバークレーでは「アクメ」のパンが日常的に愛されているのだなと実感します。

1. その広さに驚く野菜コーナー。バークレーはポートランドとくらべて移民の方の数も圧倒的に多く、エスニックな食材やくだものなども充実しています。**2.** イラストがかわいい野菜の種。オーガニック認証マークがつけられているものも。**3.** イートインスペースでは、従業員や学生たちもリラックス。**4.** オーガニックのケーンシュガー（きび砂糖）。**5.** 量り売りのコーナーは、必要な分だけを袋に入れ、容器左下に明記された数字をタグに記入し、レジに持っていきます。

オーガニックの紅茶やジャスミンティー。日本とくらべて圧倒的にリーズナブルなので、おみやげにおすすめ。

Data

2020 Oregon St. ／920 Heinz Ave. Berkeley
☎ (510)843-6929／(510)898-9555
🕘 月〜土曜 9:00am−8:00pm
　 日曜 10:00am−7:00pm
㊡ なし
http://www.berkeleybowl.com
アクセス　18、Fバス Adeline St. & Oregon St. 徒歩1分
　　　　　36バス 7th St. & Anthony St. 徒歩3分
MAP → P.157 C-3 ／ P.156 C-2

BAY AREA　109

住民の食を支える生産者との出会いの場
Berkeley Farmers Market
| バークレーファーマーズマーケット

「シェパニーズ」（P.096）の大切な考えのひとつが「地産地消」。バークレーという土地で、それがしっかりと根付いているのを実感するのがファーマーズマーケットの存在です。レストランのシェフが直接買い物をしている姿をよく見かけるし、生産者さんと挨拶を交わし、世間話をしながら物色しているご近所さんの姿を見ると、地域のコミュニティを生む場所としても大切な存在だと感じます。旅行客だと、なかなか住民のように生鮮食品を買うことは難しいかもしれませんが、歩いてこの空気を感じるだけでも本当に楽しいと思います。「フロッグホロウ」「ルセロ」「ブロッサムブラフ」など、「シェパニーズ」で農産物を使用しているファームもたくさん見かけます。

　初夏から秋にかけて、ベイエリアはストーンフルーツ（中の種が石のように固いくだものの総称）の季節なので、たくさんの種類の桃、プラム、ネクタリン、プルオット（プラムとアプリコットのかけ合わせで、ベイエリアで大人気）が並び、これを食べるためにこの時季に旅行を合わせてもいいと思えるほど、最高のフルーツが味わえます。オーガニックであるのはもちろんのこと、雨が少なく昼夜の寒暖差が大きい気候によって、濃厚な味に育つのです。たいていのくだものはカットしたものを試食でいただけるので、まずは味わってみてください。

Data

North Berkeley Farmers Market
Shattuck Ave. at Rose St. Berkeley
🕒 木曜 3:00pm-7:00pm
アクセス 18バス Shattuck Av. & Vine St. 徒歩1分
MAP → P.157 A-3

Downtown Berkeley Farmers Market
Center St at M.L.King Jr.Way Berkeley
🕒 土曜 10:00am-3:00pm
アクセス BART Downtown Berkeley Station
　　　　 徒歩3分
MAP → P.157 B-3

South Berkeley Farmers Market
Adeline St. and 63rd St. Berkeley
🕒 火曜 2:00pm-6:30pm
アクセス 12バス Adeline St. & Alcatraz Ave.
　　　　 徒歩1分
MAP → P.157 C-3

1. ずらりと並ぶストーンフルーツ。カラリとしたベイエリアの気候に合う、みずみずしい味わいです。**2.** お客さんは住民中心、サイズもこじんまりとしているので、ゆったりとした空気です。**3.6.** 並んでいる野菜やくだものはその時季が旬のものばかり。ベンダーさんたちはたいてい気さくなので、ぜひ話しかけてみてください。**4.** 土曜日はコーヒーロースターも出店していて、ハンドドリップコーヒーを気軽にいただけます。**5.** 生花を見るのもマーケットの楽しみのひとつ。

Morell's Bread | モレルズブレッド

　ある日「季節のフルーツスコーン」を買って、ひと口かじってみると止まらなくなり、あっという間に食べ終わってしまいました。その日から私にとってのスコーンの殿堂入り。「このほっとするおいしさは何なんだろう？」と食べるたびに思っていて、「ああ、おむすびみたいな存在なんだな」と気付きました。素材はすべてオーガニック、ずんとお腹に残る満足感、サワー種で作っているので酸味も少し感じられて。サワー種で作るスコーンというのも、めずらしいと思います。感動のあまり、店主のエドアルドに頼み、何回かインターンをさせていただきました。そこで成形のていねいさ、素材を扱う愛情深さを見せていただき、さらにとりこになってしまったのです。

Data

アトリエ
2701 8th St. #114 Berkeley
水曜のみアトリエで販売（10：00am-5：00pm）
http://www.morellsbread.com
アクセス　36バス 7th St. 徒歩3分
MAP → P.156 C-2
ノース（木曜）、ダウンタウン（土曜）
のファーマーズマーケットに毎週出店

1. 写真のエドアルトと、妻のテムセンの二人三脚で作っています。**2.** 洋梨やかぼちゃなど、その時季にとれるものを練り込んだスコーンが登場します。**3.** 手の美しさに見入ったパンの成形作業。**4.** ごまつき、ひまわりの種つきなど食事パンほか、バゲットなども販売しています。

BERKELEY FARMERS MARKET

Brickmaiden Breads | ブリックメイデンブレッズ

　フランスで修業経験もある女性シェフが営むベーカリー。バークレーから車で1時間ほど北上したピントレイズという街で、レンガ造りの素晴らしい薪窯で焼かれています。ひと目ぼれしたのが、季節のくだものがのった「タルト」（パイかと思ったら、タルトと呼んでいました）。その日はリコッタチーズとアーモンドクリームの上に赤い皮の洋なしとエルダーフラワーがのっていて、女性らしいかわいい雰囲気。タルト生地は全粒粉を使っていて、ざくざくした食感と風味が絶妙でした。このタルトはいつも開店から30分も経たないうちに完売していたので、タルト狙いならオープン直後に行くことをおすすめします。

1.「タルト」は他に、緑のいちじくや赤いプラムだったこともありました。2. バゲットやカンパーニュなど食事パンも滋味深いです。3.「グラノーラ」や「クルトン」も人気のメニューでした。4. 素朴な焼き菓子類は、おみやげにもに良さそう。5. オレンジ風味のパウンドケーキ。

Data

http://brickmaidenbreads.com
サウス（火曜）のファーマーズマーケットに毎週出店

BAY AREA

「シェパニーズ」卒業生の営むアイスクリーム店

Ici Ice Cream | イーシーアイスクリーム

　ベイエリアでは「シェパニーズ」(P.096)出身で独立し、成功しているお店が多いですが、こちらもそのひとつ。素材はすべてオーガニック、ベイエリアはくだものも乳製品も高品質なものが集まる場所。それらを活かして作られているのでおいしくないわけがなく、上品な味わいです。手焼きのコーンは細長いシェイプが独特で、これだけでもクッキーとして充分おいしく感じるほど（コーン単品でも販売中。おみやげにしたいけど……バキバキに崩れそうで断念したことがありました）。レジ横にはシトラスのキャンディやクッキーなども充実していて、もちろんこちらも手作りです。

1. メレンゲ菓子やナッツやフルーツが入ったキャンディ類などが並ぶカウンター。**2.**「シェパニーズ」レシピと思われるチョコ系クッキーを使ったクッキーサンド。上品な味わいです。

Data

2948 College Ave. Berkeley
☎ (510)665-6054
🕐 月〜木曜 12:00pm〜9:30pm
　 金〜日曜 12:00pm〜10:00pm
🚫 なし
https://www.iciicecream.com
アクセス 51Bバス College Ave. & Ashby Ave. 徒歩1分
MAP → P.157 C-4

114

バークレーらしい昔ながらのペイストリーショップ
Crixa Cakes | クリクサケークス

バークレーで「ケーキを買いたいな」と思ったらここが思い浮かびます。ハンガリー風、ロシア風、中欧風のエッセンスを取り入れた焼き菓子を揃えています。私は「ブレッドプディング」が好物で、メニューにあるとつい注文してしまうのですが、こちらはパンではなくバニラとチョコ味がマーブル状になったスポンジケーキを使っているのにびっくりしました。たっぷりと卵液を吸ったスポンジがしっかり焼き込まれ、中はジューシー、外側はカリッ。衝撃のおいしさ。フレッシュなりんごたっぷりをくるみと一緒に焼き込んだ、甘さひかえめの「アップルケーキ」も人気です。

1. キルシュがしっかり効いた「ブラックフォレストケーキ」。**2.3.** 店内にはイートインコーナーもあり。**4.** りんご、くるみ、シナモンがたっぷり入った「アップルケーキ」は素朴な家庭的な味わい。**5.** 高さが10cm以上もある「ブレッドプディング」は、ボリューム満点。

Data

2748 Adeline St. Berkeley
☎ (510)548-0421
🕐 火〜金曜 11:00am−5:30pm
　 土曜 10:00am−4:30pm
㊡ 日・月曜
https://crixacakes.com
アクセス 18、Fバス Adeline St. & Ward St.
　　　 徒歩1分
MAP → P.157 B-3

BAY AREA

ピザが人気の気さくなベーカリー
Nabolom Bakery | ナボロムベーカリー

　アメリカ人は本当にピザが好きだなと思います。こちらのベーカリーでも、老若男女さまざまな人が、うれしそうに自家製ピザを買っているので、私もマネしてオーダーしてみました。オーブンで温めなおしてくれるのでアツアツ、そして心がときめいたのが無料オプションコーナー。自家製のペストソースにパクチーソース、カットされたフレッシュライムが「お好きなだけどうぞ」と置いてあるのです。ピザだけでもおいしいですが、このアクセントでさらに味わいに奥行きが。ペイストリーも素朴ながら滋味深い味わいで、満足度も高いので、ぜひ試してみてください。

1.5. 一瞬ベーカリーと分かりにくいほどのポップな外観。
2.「日替わりピザ」にはおまけのピースがついてきます。
3.「ヨギティー」のティーバッグもバリエ豊か。 4. 砂糖、小麦粉、乳製品、卵を使わない「バナナオートブランマフィン」。もっちり生地で、粉のうま味たっぷり。

Data

2708 Russell St. Berkeley
☎ (510)845-2253
🕐 水〜金曜 7:00am-7:00pm、土曜 8:00am-7:00pm
　日曜 8:00am-2:00pm
　(ピザ時間)11:30am-2:00pm、4:00pm-7:00pm
休 月・火曜
http://nabolombakery.com
アクセス 51B バス College Ave. & Russell St. 徒歩1分
MAP → P.157 C-4

お菓子も食事も楽しいアメリカンダイナー
Sequoia Diner | セコイアダイナー

　バークレーからだとバスを2本乗り継ぐ「わざわざ」な場所にあり、まわりもお店が密集しているわけではないのに、ここだけにぎわっていて、週末はブランチに1時間待ちなんてことも多い人気ぶり。どんな条件でも魅力的な場所には人が集まることを証明しているようなお店。いかにもアメリカンなダイナーですが、料理1品1品に今の風を感じます。定番の「ビスケット」は、外はほろっ、内側はなめらかでしっとり。グレイビーソースまたは自家製ジャム&バターのどちらかを選べて、ほっとするようなおいしさです。日曜限定の「チキンワッフル」も機会があればぜひ！

1. 左上が「ビスケット」、右下は「ヘーゼルナッツとリコッタのオープンサンド」。**2.** 卵料理、ハッシュドポテト、サワー種のパンがのった朝ごはんセット。**3.** 自家製のペイストリー。手前の「スティッキーパン」は、キャラメルコーティングされた渦巻き状のパン。

Data

3719 MacArthur Blvd. Oakland
☎ (510)482-3719
🕗 8:00am-2:00pm
㊡ 月・火曜
http://www.sequoiadiner.com
アクセス 14バス MacArthur Blvd. & 38th Ave. 徒歩1分
MAP → P.155 下

BAY AREA 117

PEOPLE IN BAY AREA ★ 2

June Taylor
（ジューン・テイラー）

ベイエリアの豊かなくだものを使い、
ジャムや保存食を作っているジューン。
地元の人々からリスペクトされ、愛される彼女は、
まさに「食の芸術家」です。

Data

ザ・スティルルーム
2207 4th St. Berkeley, CA 94710
☎ (510)548-2236
🕐 月曜 10:00am-3:00pm
　　火〜金曜 11:00am-4:30pm
㊡ 土・日曜
http://junetaylorjams.com
アクセス　51B バス University Ave.、
　　3rd St. 徒歩5分
MAP → P.156 B-2
「フェリープラザファーマーズマーケット」
（P.141）に毎週土曜日出店

　ジューンのジャムのことは、日本にいるときからもちろん知っていて、一度見たら忘れられない美しいパッケージデザインが記憶に残っていました。「どんなジャムなんだろう」「味は、香りは、食感は？」。日常にいただくのは贅沢な気がしていたけれど、ベイエリアに住むことになったのも何かのご縁、ここに来てジューンのジャムを食べないなんて、それこそもったいない。自分への「ウェルカム・トゥ・バークレー」記念として大切にひと瓶選び、「アクメ」のパンと一緒に食べて。忘れられない特別な朝ごはんになりました。
　ベイエリア近郊で採れるフルーツは本当においしい。それは雨が少なく、寒暖差がある気候がすごく関係しています。「住み始めてからここは、フルーツ天国だと気付いたの」とジューンも話してくれました。
　ジューンはイギリス人。1981年に旅行でアメリカを訪れたとき、旦那さまとなる方と出会い、その3か月後にはバークレーに住み始めました。電撃的に始まったアメリカ生活。「イギリスでは社会学を勉強し、研究していて、まさか自分がアメリカで食べ物に関する仕事をするなんて思ってもみなかったわ。イギリスで普段食べていたマーマレードがこちらにはなくて、それで自分で作り始めたのがきっかけ。子どもができて、外でハードに仕事ができなくなったのも理由のひとつ。友人が『ファーマーズマーケットで販売したらいいのに』と助言してくれたのをきっかけに、3種のマーマレードからジャムビジネスがスタートしたの」。
　ジューンのアトリエでお手伝いをさせてもらったとき、レモンの皮をピールキャンディ用の細長い形と、そのあまりの部分となるパーツを三角形にカットしていて、なるべく捨

1.2.「ジューンテイラー」はジャム以外にもシロップやケチャップなど保存食の製品がたくさんあります。アトリエでは湖のほとりで拾った鳥の羽根や石などに交じり、美しくディスプレイされています。彼女の作るものは体と心に効く、まさに「食べられるアート」のようなもの。そして私はジューン自身のこともアーティストだと思っています。3. 宝石のようなピールキャンディ。4. アーティストのアトリエのような空間。

てる部分が出ない工夫とともに、美しい形に仕上げるということにこだわっていて、さすがだなあと感心しました。ジャムのとろみは添加物を使わず、すべて素材から出る自然なペクチンから。レモンの種も薄皮も大切にガーゼの袋に入れ、一緒に煮ていました。ジャムを何種類か煮詰めていくとき、コンロの上の高さのある寸胴鍋の中をきちんと見るため、箱をひっくり返した踏み台を、テンポ良く渡り歩きながらジャムをかき混ぜている姿が、本当にジャムの魔法使いのように見えました。製品はすべてハンドメイドであり、高品質な材料を使っていることを考えると、ジャムの価格にもすべて納得がいくのです。

「シンプルに調理したいというのが基本だけど、次から次にアイデアが湧き出て、頭が忙しいの（笑）。いろんな組み合わせを試して、それがすごく売れるときもあればそうでないときもあって……。自分のアトリエだから常に勉強しながらチャレンジできるし、私の活動をサポートしてくれる人もいるからできること。とても恵まれていると思うわ」。

サンフランシスコ最大のファーマーズマーケットで30年近く活動を続け、少し歩くだけでいろんな人から「Hi, ジューン、元気？」と声をかけられている様子を見ると、彼女が仲間同士のコミュニティをとても大切にしていることが分かるし、その人望も伺えます。バークレーの外れにある「スターグロッサリー」という地元スーパーに入ると「We Love June Taylar」と手書きポップつきのジャムコーナーがあったりします。こんなに愛されているジューン、自然にやさしく、人にやさしい活動をして、ちゃんと支持する人たちがいるということに、何だかすごく胸が熱くなってしまうのです。

BAY AREA 119

好みや体質によって選べるパンや焼き菓子が充実

Arizmendi Bakery Oakland
| アリズメンディベーカリーオークランド

「シェパニーズ」（P.096）のほぼ目の前にあるチーズとピザの店「チーズボードコレクティブ」。いつも大人気なこちらの系列店がオークランドにあると聞いて、バスに乗って出かけてみました。明るく活気にあふれる店内を見渡すと、パンと焼き菓子の種類がとにかく多くて、ひとりで大興奮。少し遠いけど足を運んで良かったと感動しました。こちらのお店の素晴らしい点は、グルテンフリー、ビーガン向けにも選択肢が多く、おおらかに作られているようでいて、原材料がきちんと明記され選べるようになっているところ。そしてそれぞれがすべて、きちんとおいしいのです。従業員全員がオーナーという共同組合の会社なので、みんなで話し合って決めている姿勢がお店にも反映され、この活気のある居心地のいい空気がつくられているのです。

　チョコやオーツ、ひまわりの種がたっぷりの「チョコレートビーガンスコーン」。コーンミール、米粉、ふすまなどをブレンドした、小麦不使用の「ブルーベリーマフィン」。ストロベリーとココナッツ、チョコレートとくるみなどいろんなフレーバーが登場する「ショートブレッド」。粉のうま味がしっかり感じられる、お気に入りたちです。

2
3

4

5

1. 天井が高く、大きな黒板にメニューが書かれています。2. 友人の子どもが脇目もふらずにかぶりついていた姿が印象的だった「チーズロール」。扉から取り出し、半透明の紙に挟むか紙袋に入れてレジに渡し、精算してもらいます。3. チーズやオリーブ、サラダなども販売しているので、宿で簡単に食事をすませたいときにおすすめ。4. そのときどきでいろんなフレーバーが登場する「ショートブレッド」は、粉もの好きならぜひチェックを。5. 赤い看板とひさしが目印。

Data

3265 Lakeshore Ave. Oakland
☎ (510)268-8849
🕐 7:00am−8:00pm
休 月曜
http://arizmendilakeshore.com
アクセス 12バス Grand Ave.
　　　　　& Santa Clara Ave. 徒歩4分
MAP → P.155 [右上]

BAY AREA 121

朝ごはんが楽しい、人気のピザ屋さん
Pizzaiolo | ピザイオーロ

「ペイストリー好きなら、ここのブレックファーストに行ったほうがいい。『シェパニーズ』（P.096）で長年働いていたシェフ、チャーリーがオーナーのお店だよ」と友人に教わりました。夜はピザが中心だけど、お昼までのメニューはグラノーラやトースト、ペイストリーが豊富。これはもう、「行かないわけはない」と足を運びました。

　赤い木枠のかわいい看板がお出迎え、カウンターにはずらりと並ぶおいしそうなドーナツやパン。それらに目が釘付けになって、メニューに集中できず、レジで自分の番が来てあせってしまいがち。レジでオーダーできるトーストは、ジャムやはちみつ、アボカドやシナモンシュガーなどトッピングを選べます。他にポリッジ、フリッタータなどもおすすめ。奥に広い店内は、さらに進むと中庭があって、暖かい季節はオープンエアで食事をとるのもおすすめです。

　ドーナツは、そのときどきで内容が替わりますが、全体にブラウンシュガーがまぶされたもっちり食感の「バターミルクドーナツ」や、フレッシュなりんごが入ったサーターアンダギーのような「アップルフリッター」など、忘れられない味わいが多く、行くたびにドーナツチェックを楽しみにしていたものです。それらと「フォーバレルコーヒー」との相性も、抜群でした。

1. 自家製のパンは見た目もハンサム。**2.** 手前からメープルグレーズがかかった「ブリオッシュドーナツ」、「リコッタチーズ＆アーモンドハニーのトースト」、「ブレックファーストサンドイッチ」。**3.** 棚に並ぶピクルス類。**4.** 魅惑のペイストリーたち。**5.** 裏庭に抜ける通路の横にパンやピザ生地を仕込むスペースがあって、太陽の光がキラキラ注ぐ中、スタッフが作業している美しい様子が眺められます。スタッフたちにハッピー感が漂っているところも、このお店の魅力です。

Data

5008 Telegraph Ave. Oakland
☎ (510)652-4888
🕐 月〜木曜 8:00am-12:00pm
　／5:30pm-10:00pm、
　金・土曜 8:00am-12:00pm
　／5:30pm-10:30pm
　日曜 9:00am-1:00pm
㊡ なし
http://www.pizzaiolooakland.com
アクセス　6バス Telegraph Ave. & 50th St. すぐ
MAP → P.155 [左上]

BAY AREA 123

1
2
3
4

ベイエリアを代表する人気ベーカリー
Tartine Bakery & Cafe
タルティーンベーカリーアンドカフェ

Chocolate Hazelnut Tarte 5

　サンフランシスコでおいしいパン屋といえば、真っ先に名前が上がる「タルティーンベーカリー」。2002年の創業以来、不動の人気ぶりは衰えることがありません。アラバマ通りの2号店「タルティーンマニュファクトリー」(P.141)も格好いいお店ですが、私はついこちらに足を運んでしまいます。「こんなに小さなお店だったの？」と驚く人も多いのではないかと思うこじんまりとした店内ですが、いつも活気にあふれていて、開店と同時にずらりとのびる行列は、ミッション地区の名物になっています。

　パン屋ですがスイーツも優秀。感動して何度も食べてしまうのが「ブレッドプディング」。大きなバットで焼いたプディングをティーカップにどさっと注ぐ気取りのないスタイルなのですが、深いバットで焼いているせいか、パン部分もすごくやわらかくてじゅわ〜っと、とろける感じになっています。フルーツも驚くほどたっぷりで、贅沢な気分になれる一品。「バナナクリームタルト」はバッキバキのフレーキー（flaky）なパイ生地で、クリームがしみ込んでこないよう、内側がビターチョコでコーティングされています。中のクリーミーなカスタード＆ホイップクリームとのテクスチャーの対比が際立っていて、すごく好みの味わいです。「グラノーラバーク」は朝ごはんやお酒のお供にもぴったりなので、おみやげに喜ばれること間違いなしです。

1. おみやげにおすすめな「チョコレートチップクッキー」は濃厚だけど軽やか。2. パンのうま味はもちろんのこと、具のおいしさも際立つ「ホットプレスサンドイッチ」。ミニにんじんのピクルスが添えられていました。3. 店内にはいつも、さりげなくアートが飾られています。4. 一切の差別なく、どんな人でも歓迎する意を伝えるポスター。5. ファンが多い「チョコレートヘーゼルナッツタルト」。6.7. くだものたっぷりの「ブレッドプディング」は2サイズから選べます。

6
↓

7

Data

600 Guerrero St. San Francisco
☎ (415) 487-2600
🕐 月曜 8:00am-7:00pm
　 火・水曜 7:30am-7:00pm
　 木・金曜 7:30am-8:00pm
　 土・日曜 8:00am-8:00pm
㊡ なし
http://www.tartinebakery.com
アクセス　BART 16th St. Mission Station 徒歩9分
MAP → P.158 C-2

東ヨーロッパ風のフード＆スイーツに注目

20th Century Cafe
トウェンティスセンチュリーカフェ

　圧倒的世界観を持ったクラシックとモダンの融合。ガラスドームに美しく並ぶケーキや焼き菓子。インテリアからスタッフのファッションまですべて完璧で、扉を開ければそこは、「20世紀カフェ劇場」に潜入した気分です。

　こちらに訪れたらまず、シグネチャーメニューでもある「ロシアンハニーケーキ」をぜひ。何と10層にもなっていて、ミルクレープのようですが、「1枚1枚オーブンで焼いているわよ」と、オーナーのミッシェルが教えてくれました。60年代のハリウッド映画に出てきそうな衣裳、赤毛に赤いリップ、エプロンまでコスチュームかと思えてしまうスーパークールな格好で、ケーキとクリームの組み立て作業をエレガントにこなしている姿！　ほれぼれ見とれてしまいます。しっとりはちみつ風味の生地と軽やかなクリームの一体感、すっと体に入っていくようで、見事なバランスです。

　食事もできるので、日替わりメニューのスープがあればぜひ頼んでみてください。いつも素材の良さが存分に感じられ、添えられているトーストも絶品。パンもこちらで焼いていると聞き、驚きました。材料はほぼオーガニックのものを使っているそうです。今っぽいおしゃれ感漂うお店はたくさんありますが、唯一無二の存在とはこのこと。とびきり格好いいカフェで、素晴らしい衝撃を受けてみてください。

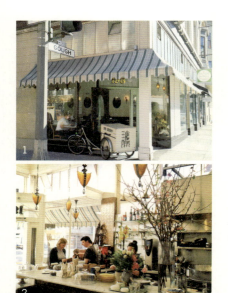

1.2. 20世紀初頭に建てられたという店舗の入る建物は、風格のある佇まい。**3.**「ポピーシードパン」「ポテトクニッシュ」など厳選されたペイストリーが並ぶ大理石のカウンター。**4.** 右が、軽やかなのでペロリと食べられてしまう「ロシアンハニーケーキ」。**5.** 日替わりのスープ。**6.**「ロシアンハニーケーキ」を作るミッシェル。私も赤い髪＆赤い口紅でイメチェンをしたくなりました。**7.** 赤いソファ、オーバル型の鏡、曲木の椅子など、クラシカルなインテリアも素敵です。

Data

198 Gough St. San Francisco
☎ (415)621-2380
🕐 月〜金曜 8:00am-5:30pm
　　土曜 10:00am-5:30pm
　　日曜 10:00am-4:00pm
㋺ なし
http://20thcenturycafe.com
アクセス　BART Civic Center/ UN Plaza Station
　　　　　徒歩12分
MAP → P.158 B-2

BAY AREA 127

フェリービルディングの名物朝ごはんスポット
Boulettes Larder | ブーレッツラーダー

「サンフランシスコに行くなら、ここで朝ごはんを食べなきゃ」と、「シェパニーズ」（P.096）のスタッフたちからも教えてもらって、土曜日開催のファーマーズマーケット（P.141）に合わせて予約して出かけました。入口には焼き菓子が品良く並べられ、朝早くからテイクアウトのペイストリーが次々売れていました。お店の壁一面に並ぶたくさんの瓶や、カウンターに並ぶ美しい野菜やくだものからも、女性シェフならではの細やかなこだわり、料理への愛情や探究心が感じられます。いつも観光客でにぎわうフェリービルディング内ですが、ここの空間だけはゆったりとした空気が流れていて、上質で優雅な時間を過ごすことができました。

　みんなが絶賛していた「ソフトスクランブルエッグ」は、やはり火の通し具合が抜群。こちらは卵料理が名物のようで、「ポーチドエッグ」もとてもおいしそうでした。「ホットシリアル」はフラックス、スペルト小麦、オーツ、そばなど10種類の雑穀をシンプルに炊いただけのお皿ですが、素材選び、炊き具合にこだわりが感じられました。ローシュガー、くるみ、カランツなどを好みでかけていただきます。「ベニエ」（揚げドーナツ）はふわっと軽く、添えられたほどよい酸味のりんごジャムと一緒に食べると、お腹が一杯でもするりと入るおいしさです。

1. 厳選された朝ごはんのメニュー表。どれもとびきりおいしい。**2.**「ホットシリアル」は、トッピングのナッツやカランツも贅沢盛りです。トーストとともに。**3.** 店内は新鮮な野菜やくだものが、花と同じように美しくディスプレイされていて、素材への敬意が感じられます。**4.** 大きな窓から光が差す、気持ちのいい店内。お客さんもどこか上品です。**5.** 繊細な食感の「ソフトスクランブルエッグ」。**6.** ひと口サイズの「ベニエ」、ジャムは日替わりです。

Data

1 Ferry Bldg. Suite 48 San Francisco
☎ (415) 399-1155
🕐 火～土曜 8:00am-10:15am／
　11:30am-9:30pm
　日曜 10:00am-2:30pm
㊡ 月曜
http://bouletteslarder.com
アクセス BART Embarcadero Station 徒歩4分
MAP → P.159 A-4

BAY AREA 129

朝ごはんに食べたいリッチな絶品トースト

The Mill | ザ・ミル

　サンフランシスコを代表するサードウェーブコーヒーのひとつと言われている「フォーバレルコーヒー」が、人気ベーカーのジョーシージョーカーブレッドとコラボして出した2号店。目玉はコーヒーとトーストの組み合わせ。店に一歩足を踏み入れると、どーんと奥に広く、天井も高い開放的な雰囲気に圧倒されました。奥はパン工房で、パンの香ばしい匂いが漂ってきます。「今日のトースト」の内容はレジ上の黒板に書かれていて、日替わりで3〜4種類から選べます。

　ある日オーダーしたのは甘い系とおかず系ということで、「バター＆季節のジャムのトースト」と「ハーブクリームチーズトースト」。パンの外側は焦げるくらいにカリッと焼いているのに、中は生地自体の水分量が多く、しっとりもっちり。サワー種と粉の風味の良さを存分に感じられます。ジャムはサンフランシスコの北、パシフィックグローブにある「ハッピーガールキッチンカンパニー」のもの。バターも「シェパニーズ」(P.096)でも使っている上質なオーガニックで、このおいしさはやはり厳選された素材でできているのだと確信しました。チーズのほうはチャイブなどが混ぜてあり、ポートランドの「ジェイコブセン」の岩塩と黒こしょうがアクセントに。「フォーバレル」のカフェラテも好みの苦味で、パンとの相性がばっちりの組み合わせでした。

1. 広々とした空間使いが贅沢な店内。**2.**「ハーブクリームチーズトースト」と「バター＆季節のジャムのトースト」。チーズもジャムも惜しげもなくたっぷりのっています。ジャムにも岩塩が効かせてありました。**3.4.** 木枠の棚に植物をふんだんに使ったインテリアも素敵でした。作家さんの作品やプロダクトも購入できます。**5.** ベーカーのジョージーのレシピ本やお店で実際に使っている粉なども購入可能。荷物は重くなりますが、パン作りが好きな方はぜひチェックして。

Data

736 Divisadero St. San Francisco
☎ (415)345-1953
⏰ 7:00am〜9:00pm
㊡ なし
http://www.themillsf.com
アクセス 5バス McAllister St. & Divisadero St. 2分
MAP → P.158 B-1

待ち合わせにぴったりな街角のパイ屋さん
Mission Pie | ミッションパイ

　サンフランシスコのミッション地区の真ん中にあるパイ屋さん。BARTの駅からワンブロック、アクセスがいいので待ち合わせにもおすすめです。この周辺は、以前はあまり治安が良くないエリアだったそうですが、「良い食べ物が健全な心身を育む」「生産者、働き手、地域の人々みんなが、ハッピーに共存していく方法を実践する」という哲学を持つこの店が、街を明るく照らす存在になっています。カリフォルニアの信頼がおける生産者から材料を仕入れ、ライブやイベント、ワークショップなども開催。楽しいことを分かち合い、しあわせな気持ちを循環させ、街の空気を変えていく……こういうお店が存在するというだけで、うれしくなってしまいます。

　ガラスケースにはたくさんの魅惑的なパイが並んでいて、夏にはやはり、ベイエリアらしいストーンフルーツのパイに目が行きます。いちばん人気は「バナナクリームパイ」。カスタードクリーム、ホイップクリームにバナナとシンプルですが、軽やかな食感ですいすいと食べ進められてしまいます。アメリカのパイというと大味な印象を持つかもしれませんが、こちらはちょうどいい甘さ加減。ビーガン用のパイもあり、バターの代わりにココナッツオイルと菜種油をミックスして使っていて、サクサクした食感で食べやすい。スコーンやグラノーラもおすすめです。

1. ビーガン用のパイ。この日は洋なしとブルーベリーでした。2. どことなくなつかしい雰囲気のインテリア。3. ずらりと並ぶパイ。定番の「ウォールナッツパイ」や「チェスパイ」のほか、ベリーやピーチなどくだものを使った季節限定メニューも多い。4. 生産者から届いたくだものやコーヒー豆なども販売しています。5. 食通の友人も絶賛していた「バナナクリームパイ」。「Good Food・Every Meal・Every Day」のメッセージが入ったマグカップは、店内でも販売中。

Data

2901 Mission St San Francisco
☎ (415)282-1500
🕐 月〜金曜 7:00am-10:00pm、土曜 8:00am-10:00pm
　 日曜 9:00am-10:00pm
㊡ なし
http://missionpie.com
アクセス BART 24th St. Mission Station 徒歩2分
MAP → P.159 C-4

BAY AREA 133

洗練された空間で、記憶に残るディナーを
Frances | フランセス

　おいしいもの好きな友人がたまたまこの近所を散歩していて見かけ、「何て素敵な佇まい。絶対おいしいに決まっている！」と確信したというお店。その友人の鼻は利いていて、こじんまりとしているけど実はミシュランの一つ星、ずい分前から予約をしないと入れない人気店でした。数席ほどのカウンター席なら予約なしでも入れると聞き、オープン少し前から扉の前で待っていて、無事入店できました。オーナーシェフはメリッサという女性。黒、グレー、白を基調としたシックなインテリアなのに、椅子数席だけがビビッドな赤を効かせていたり、ナプキンに赤いラインが入っていたりと、その洗練されたさじ加減が、居心地のいい空間をつくり上げています。

　料理は日替わりで、どちらかというと素材重視のシンプルな味わい。地元の生産者から届くその時季ならではの食材が楽しめます。前菜やサラダ、肉、魚料理はもちろんどれもおいしいのですが、デザート類の充実具合にも目を見張るものがあります。例えば名物デザートの「パブロバ」は、サクッ＆ねっちりしたメレンゲに、クリームやアイスクリーム、季節のフルーツが美しくトッピングされた一品。食べ進めるといろんな食感が楽しめました。〆にこんな大満足のデザートがあると、いつまでも記憶に残るディナーになる気がするのです。

1. 赤い文字が効いたメニュー。**2.** 通りに面したテーブルは特等席。**3.**「ケールとバタービーンのサラダ」。ローカルな豆をフライにして散らし、ヴィネグレットソースがかけられていました。**4.** レモンカードと自家製アイスクリームがのった「パブロバ」。**5.** デーツに洋梨またはりんご、ココナッツが入った「ランブルジャックケーキ」。**6.** シックだけど温かみのあるインテリア。壁に掛かったシンプルなリースも素敵でした。**7.** 開店と同時に、すぐに埋まるカウンター席。

Data

3870 17th St. San Francisco
☎ (415)621-3870
🕓 火～木曜、日曜 5:00pm－10:00pm
　 金・土曜 5:00pm－10:30pm
㉁ 月曜
http://www.frances-sf.com
アクセス　MUNI L Castro 徒歩3分
MAP → P.158 C-2

BAY AREA 135

1940年創業の人気＆老舗グロッサリーストア
Bi-Rite Market ｜ バイライトマーケット

　ここに来れば、ベイエリアのおみやげに困ることはありません。アメリカを代表する食のセレクトショップ、店内は決して広くはないのですが、おいしそうなものがぎゅっと並んでいて、一歩足を踏み入れると、ワクワクが止まらなくなるお店です。例えばチョコレートならそれほど広くないコーナーに数十種類が所狭しと置かれていて、宝探しみたいで見ていて楽しくなるのです。

　商品説明のポップも素晴らしい。ワインやくだものなどは、オーガニックかどうか、生産者からの直接仕入れかどうかなどが、ひと目で分かるようになっています。イエローグリーンのラベルが目印の、オリジナル商品もいろいろあって、ジャムや焼き菓子、グラノーラ、要冷蔵のジャーデザートなどの他、毎回何かしら新製品があるのも楽しい。ある日「味噌キャラメルプディング」というのを発見。ちゃんと味噌の甘じょっぱい味わいに仕上がっていて、これがサンフランシスコの人々にも受けているのかと、うれしい気持ちになりました。

　お惣菜、サンドイッチなどすぐに食べられるものも充実しており、近所の「ドロレス公園」で食べるのも人気のコース。公園の向かいにあるアイスクリーム店「バイライトクリーマリー」も人気で、休日ともなると長蛇の列となります。

1. 店先ではいつも、色とりどりの切り花が販売されています。**2.** いろんな味わいが楽しめるジャースイーツ。**3.** 商品がずらりと並ぶ店内。**4.** バークレーの「アクメブレッド」(P.140)、ペタルマの「デラファトリアブレッド」のパンなど、有名ベーカリーのパンがずらり。**5.** くだものはパッケージに入った様子もかわいい。**6.** オリジナルのグラノーラは、おみやげに人気。**7.**「シェパニーズ」(P.096)でも使用している「チョー」の製菓用チョコレートは、そのまま食べてもおいしい。

Data

3639 18th St. ／ 550 Divisadero St. San Francisco
☎ (415) 241-9760 ／ (415) 551-7900
🕒 8:00am - 9:00pm
㊡ なし
http://www.biritemarket.com
アクセス　BART 16th St. Mission Station 徒歩10分
　　　　　21バス Hayes St. & Divisadero St. 徒歩1分
MAP → P.158 C-2 ／ P.158 B-1

40年以上の歴史を持つオーガニックスーパー
Rainbow Grocery | レインボーグロッサリー

　可能な限り地元の有機農家、酪農家、企業から仕入れ、商品の90%以上がオーガニックという1975年創業のスーパー。ここもベイエリアによく見られる「従業員は全員がオーナー」という経営スタイルで、商品のラインナップからエコフレンドリーな方針まで、働く人全員が「より良いお店にしたい」という意志で成り立っていることが伺えます。持続可能なライフスタイルを提案し続けている、ベイエリアならではの平和的（レインボー）スーパーの最高峰と言っていいでしょう。

　まるで倉庫に迷い込んだかのような広々とした店内で、特に圧巻なのが量り売りコーナー。お茶、調味料、ハーブ、スパイス、ドライフルーツ、製菓材料といった食材から、シャンプーや洗剤、コスメ類といった日用品まで、とにかく驚くほどの品揃えです。お客さんが必要なぶんだけ真剣に、せっせと袋に詰めている様子を見ると、「好きなものを、好きなぶんだけ選べる」その自由さが、何だかとてもうらやましくなります。

　自然派サプリメントやホメオパシーのレメディなどの充実具合も、ナンバーワンだと思います。キッチングッズコーナーには、日本では見たことのない形のゴムべらやピーラーなどがあって、チェックするのが毎回楽しみです。

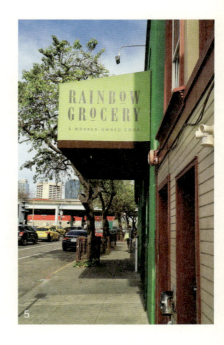

1. 天井が高く、ゆったりとした店内。2. 医療費の高いアメリカでは、自分自身で健康を守る意識が高く、そのぶん高品質なサプリも手頃な価格で手に入りやすい様子。スタッフに「こういうものがほしい」と尋ねると、いろいろ教えてもらえます。3. オリジナルのエコバッグは大容量。4. 料理本コーナーには「タルティーンベーカリー」(P.124)の本も並んでいました。5. 緑色の看板が目印。多店舗展開はしておらず、そのぶんわざわざここに足を運ぶ価値があります。

Data

1745 Folsom St. San Francisco
☎ (415)863-0620
🕘 9:00am-9:00pm
㊡ なし
http://www.rainbow.coop
アクセス BART 16th St. Mission Station 徒歩9分
MAP → P.159 C-3

BAY AREA

BAY AREA MINI GUIDE

Acme Bread
アクメブレッド

「シェパニーズ」(P.096)でパンを焼く職人だったスティーブンが、妻と一緒に1983年に創業したパン屋さん。ベイエリアで最もレストランから支持されるベーカリーとして知られ、もちろん庶民からも絶大な人気。材料はすべてオーガニック、食事パンの品揃えが充実です。

1601 San Pablo Ave. Berkeley
☎ (510) 524-1327
MAP → P.156 [A-2]

Preserved
プリザーブド

保存食や発酵食品に焦点を当てたユニークなショップ。厳選されたキッチングッズ、各種保存容器、料理本、ベイエリアの人気ブランドの瓶詰め(ジャムやペースト、調味料など)の他、コンブチャやピクルスなどのスターターキットなども販売しています。

5032 Telegraph Ave. Oakland
☎ (510) 922-8434
MAP → P.155 [左上]

Tinsel Trading Co.
ティンセルトレーディングコー

素敵なラッピンググッズや手芸パーツなどを取り扱う、手芸好き、もの作り好きな人なら素通りできない手芸雑貨店。現在の店主の祖父が扱っていた、フランスから仕入れたというビンテージのリボンやタッセル、アップリケなどは、見ているだけでもため息ものです。

1659 San Pablo Ave. Berkeley
☎ (510) 570-2149
MAP → P.156 [A-2]

The Gardener
ザ・ガーデナー

センスの良いキッチングッズ、テーブルウエア、アクセサリー保存食などを扱うセレクトショップ。「シェパニーズ」の厨房でも使用している「ディゴワン」の耐熱皿や、サンフランシスコのフレグランスメーカー「エリザベスダブリュー」の製品なども扱っています。

1836 Fourth St. Berkeley
☎ (510) 548-4545
MAP → P.156 [B-2]

Homestead Apothecary
ホームステッドアポセカリー

メディシナル(医療用)ハーブを扱う、ハーブショップ。必要なぶんだけ買える量り売りのドライハーブや、アロマオイル、ティンクチャー、スキンケアアイテムなどが豊富に揃います。気軽に飲めるハーブティーなども扱っています。

486 49th St. Oakland
☎ (510) 541-5225
MAP → P.155 [左上]

Tartine Manufactory
タルティーン
マニュファクトリー

「タルティーンベーカリー」(P.124)の2号店。建物はもとが洗濯工場だったため天井が高く、開放感のある店内の、中央にある大きなオーブンから、パンが次々に焼き上がってくる様子は圧巻です。平日は朝7時からオープンしているので、朝ごはんにもおすすめ。

595 Alabama St. San Francisco
☎ (415) 757-0007
MAP → P.159 C-3

Heath Ceramics
ヒースセラミックス

ベイエリア発祥の人気陶器ブランド。ベイエリアの飲食店では、こちらの食器を使っているお店がとても多く、「シェパニーズ」ライン、「タルティーン」ラインなど、人気店のために作った器も販売しています。器と相性のいいテーブルウエア類の販売もしています。

2900 18 th St. San Francisco
☎ (415) 361-5552
MAP → P.159 C-3

Ferry Building Marketplace
フェリービルディング
マーケットプレイス

1898年に建てられた歴史ある建物をフードマーケットとしてリノベーション。フェリーの発着ターミナルでもあり、サンフランシスコの有名スポット。「アクメブレッド」「ザ・ガーデナー」「ヒースセラミックス」「ブルーボトルコーヒー」など有名店の支店もあり、便利。

☎ (415) 983-8030
MAP → P.159 A-4

Ferry Plaza Farmers market
フェリープラザファーマーズマーケット

毎週火・木・土曜に開催される、全米トップクラスのファーマーズマーケット。野菜やくだものはもちろん、パン、乳製品、肉、魚、フード類などとにかく幅広い品揃え。「ジューンテイラー」(P.118、毎週土曜)やサードウェーブで有名な「サイトグラスコーヒー」(毎週火・土曜)、なども出店しています。買い物客の中には、有名シェフやレストランオーナーも多い。

☎ (415) 291-3276
MAP → P.159 A-4

BAY AREA

私の好きなベイエリアみやげ

食べ物や暮らしへの意識が高いベイエリアでは
クオリティの高いおみやげが充実しています。
日本に持ち帰って、喜ばれたアイテムを紹介します。

June Taylor × Fruit Syrup

「ジューンテイラー」
ミニシロップ

フルーツ果汁に花やハーブ、スパイスなどの香りを加えたハンドメイドのシロップ。炭酸水で割ったり、ヨーグルトやアイスクリームにかけても。おみやげにぴったりなミニサイズ。各$6／「ジューンテイラー」(P.118／MAP → P.156 B-2)

Preserved × Shopping Bag

「プリザーブド」
エコバッグ

「保存食」をテーマにしたショップのエコバッグ。お店の看板にもなっている保存瓶のイラスト(コンブチャやケフィアなどの文字入り)が目印。モノトーンで服を選ばないので、サブバッグに便利。$15／「プリザーブド」(P.140／MAP → P.155 左上)

Frog Hollow Farm × Granola
Everything Under the Sun × Dried Fruit

「フロッグホロウファーム」グラノーラ
「エブリシングアンダーザサン」
ドライフルーツ

人気オーガニック農園のオリジナル商品。ひと口食べれば、その質の高さに驚くはず。右は「フェリービルディング」(P.141)の店舗でも販売。ドライフルーツ$5、グラノーラ$10／「フェリープラザファーマーズマーケット」(P.141／MAP → P.159 A-4)

McEvoy Ranch × Rose perfume Oil, Lip Balm

「マケヴォイランチ」
ローズパフュームオイル
&リップクリーム

「フェリービルディング」内にあるオーガニックのオリーブオイル専門店「M・ランチ」で購入できます。オイルは自然な香り、リップは抜群の保湿力が魅力。パフュームオイル$26、リップバーム$9／「マケヴォイランチ」(MAP → P.159 A-4)

Tcho × Chocolate Bar

「チョー」
チョコレートバー

サンフランシスコ生まれのチョコレートブランド。カカオ豆自体のフレーバーによって分類されていて、モダンなパッケージもポイント。甘さひかめなので、食べやすい。各$4.19／「レインボーグロッサリー」(P.138／MAP → P.159 C-3) など

Tail of the yak × Postcard

「テイルオブザヤク」
ポストカード

アンティークのシャンデリアや鳥の巣箱が飾られた独特のインテリア、アーティスティックなセレクトで熱狂的なファンも多い雑貨店。オリジナルのカードもミニアートです。大$2、小$1.50／「テイルオブザヤク」(MAP → P.157 C-4)

Heath Ceramics × Café Bowl
Studiopatró × Tea Towel

「ヒースセラミックス」カフェボウル
「スタジオパトロ」ティータオル

「シェパニーズ」ラインのボウルは、グラノーラやスープにぴったりのサイズ。「スタジオパドロ」は、サンフランシスコのキッチンリネンメーカー。カフェボウル＄36、ティータオル＄24／「ヒースセラミックス」(P.141／MAP → P.159 C-3)

Inna Jam × Pickled Fruit

「イナジャム」
フルーツピクルス

「イナ」はサンフランシスコ近郊・エミリービルにあるジャムメーカー。地元の有機農家から直接仕入れたくだものを使っており、日本ではめずらしいフルーツピクルスも生産しています。＄13.50／「プリザーブド」(P.140／MAP → P.155 左上) など

Four Barrel Coffee × Coffee Beans
Happy Girl Kitchen Company × Fruit Jam

「フォーバレルコーヒー」コーヒー豆
「ハッピーガールキッチンカンパニー」ジャム

人気トースト店で実際に使用しているコーヒー豆とジャム。どちらもパッケージが愛らしいので、女性へのおみやげにぴったり。コーヒー豆（グアテマラ／レタナ農園）＄21、ジャム＄13／「ザ・ミル」(P.130／MAP → P.158 B-1)

Berkeley Farmers Market × Shopping Bag

「バークレーファーマーズマーケット」
エコバッグ

ファーマーズマーケットのオリジナルエコバッグは、縦に深さがあるデザイン。季節のくだものや野菜を描いたものが数パターンあり、どれも色使いが素敵。＄12／「バークレーファーマーズマーケット」(P.110／MAP → P.157 A-3 B-3 C-3)

Eclectic × Herb Supplement

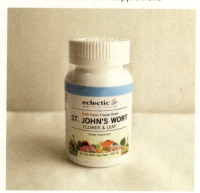

Bi-Rite Market ×
Cookies, Chocolate Peanut Bar

「エクレクティック」
ハーブサプリメント

オーガニックハーブのみが原料の「セントジョンズワート」のサプリは、友人から「疲れがたまったとき、翌朝の目覚めが良くなるよ」と教わり、効力にびっくり。大$19.80、小$11.65／「レインボーグロッサリー」（P.138／MAP → P.159 C-3）など

「バイライトマーケット」
クッキー＆チョコピーナッツバー

食の人気セレクトショップのオリジナルで、ロゴ入りがおみやげっぽい。どちらもクオリティが高く、いい材料を使っています。クッキー$6.99、チョコピーナッツバー$5.99／「バイライトマーケット」（P.136／MAP → P.158 C-2 B-1）

Mission Pie × Granola

「ミッションパイ」
グラノーラ

パイの人気店ですが、グラノーラもかくれたヒット商品。大ぶりなナッツやドライフルーツがごろごろ入っていて、食べごたえも満点。赤と青のスタンプが効いた気さくなパッケージもかわいいです。$8／「ミッションパイ」（P.132／MAP → P.159 C-4）

※価格は2018年3月現在のもの。
店舗によって価格の違いもありますので、あくまでお買い物の参考に。

ポートランドマップ
Portland Map

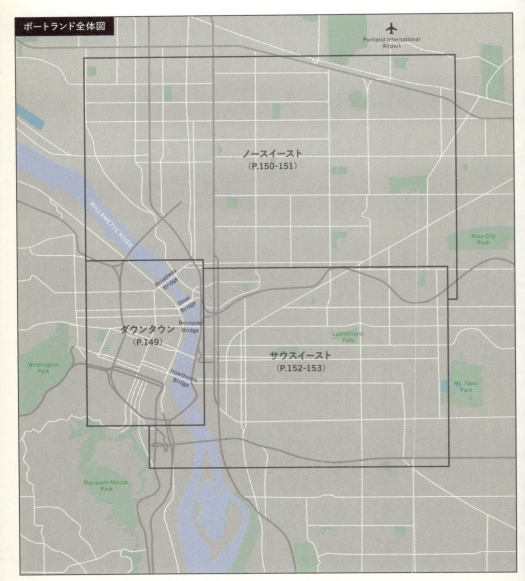

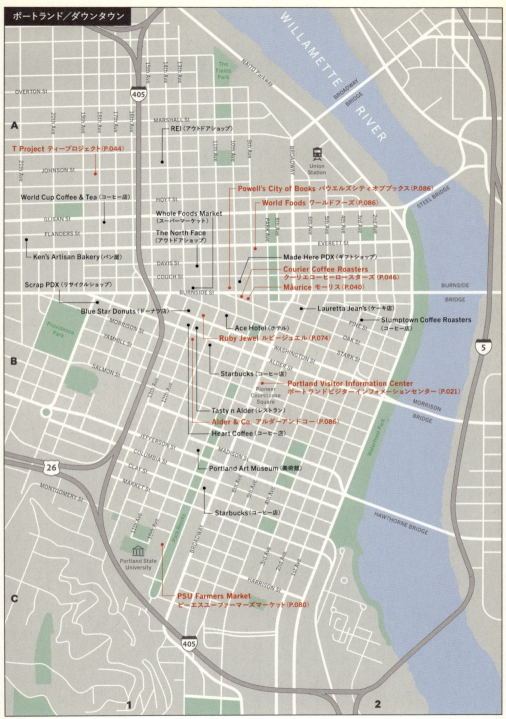

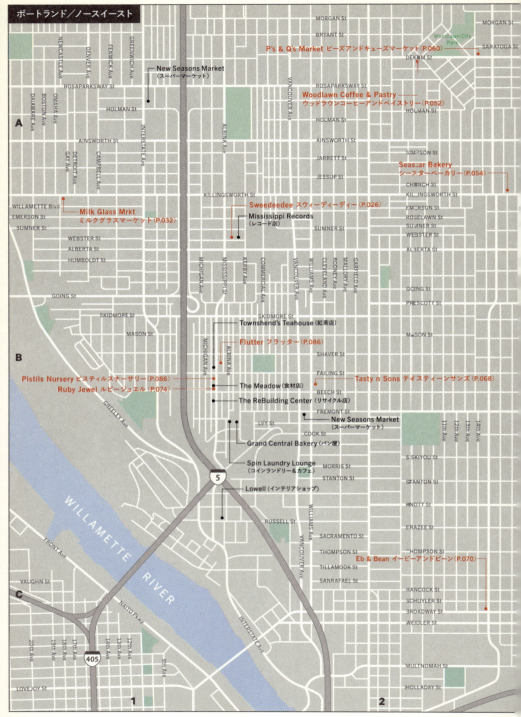

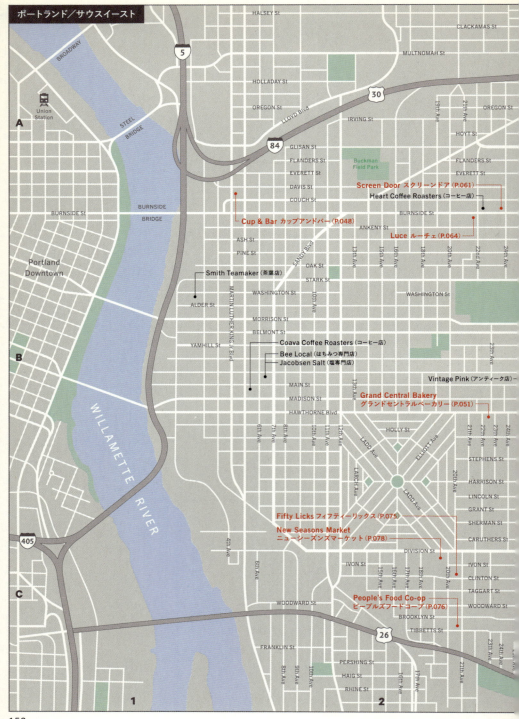

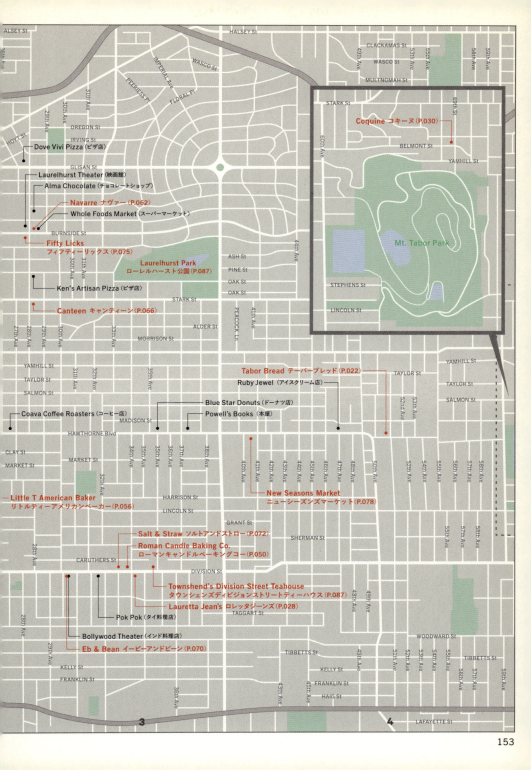

ベイエリアマップ
Bay Area Map

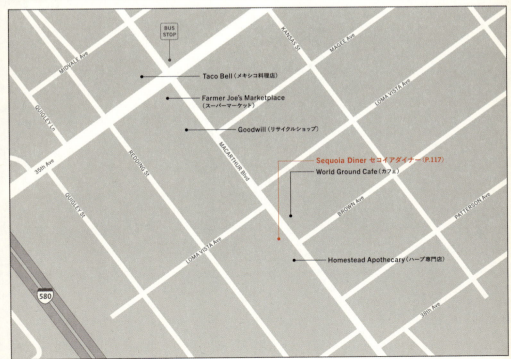

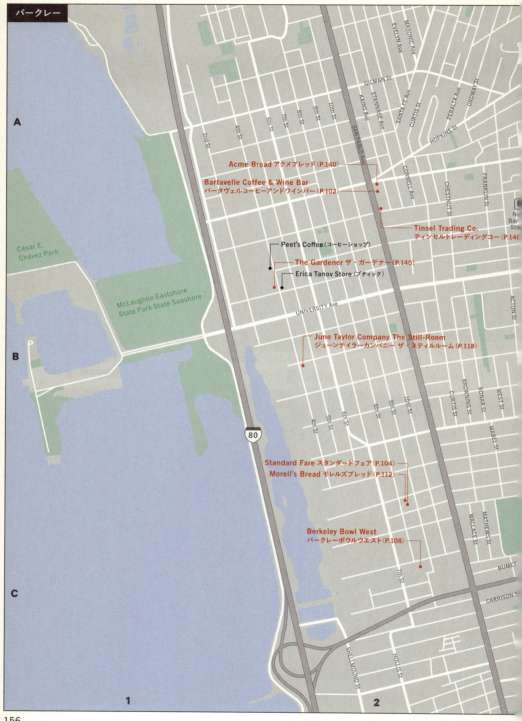

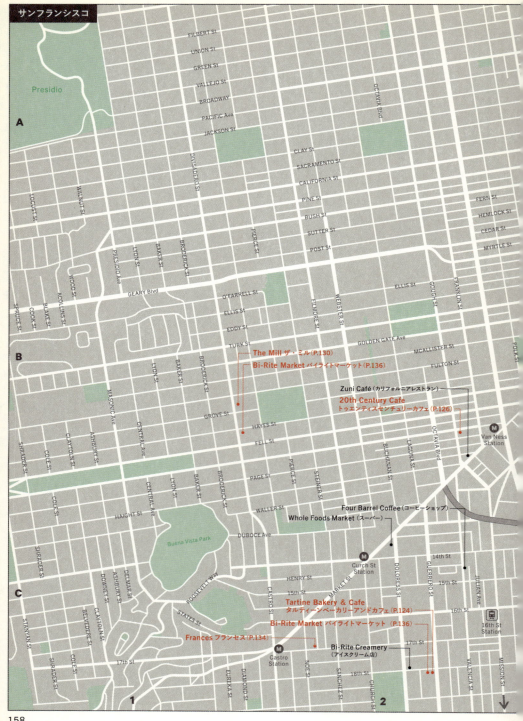

ポートランド＆ベイエリアで見つけた

歩粉のスイーツレシピ

アメリカで暮らす中で見つけた、おいしい味わいを
日本の材料でも再現できるよう考えてみました。
どれも滞在中の思い出と結びついた
私にとって、忘れられないスイーツです。

Apple Galette

Cornmeal Scone

Miso Granola

Buttermilk Panna Cotta

Chocolate Stout Cake

Doughnut Muffin

Chocolate Cookie

Bran Muffin

りんごのガレット
Apple Galette

ガレットは「シェパニーズ」（P.096）のアリスのお気に入りで、ペイストリーの定番メニューでした。冬の間はりんごがメインで、カリンやマイヤーレモン、サワーチェリーなどを組み合わせることも。そして、必ず添えられるアイスクリーム。一緒に食べるとおいしさが倍増するので、ぜひ試してみてくださいね。ポットラックパーティー（持ち寄り会）に持って行くと、みんなにとっても喜んでもらえました。ガレット生地、アーモンドクリームは冷凍できるので、事前に作っておくとラクチンです。

材料(直径21cmのガレット1台分)

〈ガレット生地〉(2台分量)
無塩バター … 110g
A ┃ 中力粉(または薄力粉) … 160g
　┃ きび砂糖 … 小さじ1と1/2
　┃ 塩 … 小さじ1/2

冷水 … 50g

〈アーモンドクリーム〉(2台分量)
無塩バター … 40g
きび砂糖 … 35g
塩 … ひとつまみ
卵 … 30g
アーモンドパウダー … 40g

りんご … 1と1/4 個
グラニュー糖 … 5g

下準備

・ガレット生地用のバターは1cm角に切り、冷蔵庫で冷やしておく。
・アーモンドクリーム用のバターは室温に戻す。
・りんごは、皮をむいて芯を取り、4等分してさらに2～3mm幅の薄切りにする。

作り方

1　ガレット生地を作る。ボウルに**A**を入れてバターを加え、指先を使って粉とバターをすり合わせる。バターが溶けないように手早く行い、もし溶けそうなら冷水で手を冷やしたり、あらかじめ粉類もボウルごと冷蔵庫で冷やしたり工夫する。

2　冷水の半量を回しかける。大きめのフォークを使い水分が粉に行き渡るようぐるぐる混ぜ、更に残りの冷水を粉気がある部分めがけて注ぎ、練らないように注意して水分がだいたい行き渡ったら、カードを使って生地を2等分して、それぞれラップで茶巾に包み、丸くしてから、3cm厚さになるよう押し広げる。冷蔵庫で最低1時間は休ませる。

3　アーモンドクリームを作る。ボウルにバターを入れ、泡立て器でクリーム状になるまでよく混ぜる。

4　砂糖と塩を加え、さらに混ぜる。卵を2回に分けて加え、そのつど混ぜる。

5　アーモンドパウダーを2回に分けて加え、ゴムベラでそのつど混ぜて粉気がなくなればOK。

6　打ち粉(強力粉または中力粉／分量外)をした台に**2**のガレット生地を置き、めん棒を使い直径25～26cm、厚さ2mmくらいの円形に伸ばす。オーブンシートの上に移す。

7　生地のフチから内側3cmくらい周囲を除いて**5**の半量をパレットナイフを使って均等に塗り広げる。

8　アーモンドクリームを塗った部分のいちばん外側にりんごを一周ぐるりと重ならないように並べる。りんごで縁どられた円に残りのりんごを横4列に右上段から並べていき、円のすべてをりんごで埋める(りんごのサイズによっては、3列にする)。

9　生地の縁を右親指と人差し指で少し持ち上げ、左の親指と人差し指でつまみながら押して、ひだを寄せていく。一周ぐるりとできたら、溶かしバター(分量外)を縁の部分にハケで塗り、グラニュー糖(分量外)をまぶす。

10　200℃に予熱したオーブンで約15分焼く。天板の前後を返し、グラニュー糖をりんごの部分にふりかけて、再び15分焼く。きつね色に焼けたら、焼き上がり。

※お好みではちみつを水で少し溶いたもの(分量外)をりんごの表面に塗ると、ツヤが出る。
※半量残ったガレット生地、アーモンドクリームは、冷凍庫で約1か月間保存可能。

コーンミールスコーン
Cornmeal Scone

アメリカのベーカリーでよく見かけるのが、三角の形をしたスコーン。バリエーションが豊富で、スイーツタイプと、チーズやベーコンなどのおかずタイプの、両方が並んでいます。コーンのフレーバーもとても人気で、粉の配合の一部に混ぜると、プチプチした食感、香ばしさ、甘さも加わって、私も大好き。このスコーンはほんのり甘い生地で、チーズをのせて焼き上げたり、仕上げにアイシングをかけてよりスイーツっぽくしたり、どちらも楽しめると思います。アメリカのお菓子はバターミルク（クリームからバターを作ったあとに残る酸味のあるミルク）をよく使いますが、日本ではなかなか手に入らないのでヨーグルトと牛乳のミックスで代用してみました。

材料（幅5×長さ7cmほどのスコーン8個分）

A
- 中力粉（または薄力粉）… 90g
- 全粒粉 … 40g
- コーンミール … 50g
- 砂糖 … 30g
- ベーキングパウダー … 小さじ1と1/2
- 塩 … 小さじ1/4

無塩バター … 75g

〈代用バターミルク〉
- プレーンヨーグルト … 70g
- 牛乳 … 35g

くるみ … 40g

下準備

・バターは1cm角に切り、冷蔵庫で冷やしておく。
・ヨーグルトと牛乳をよく混ぜ、バターミルクにして冷蔵庫で冷やしておく。
・くるみは150℃のオーブンで15分焼き、4等分に切る。

作り方

1. ボウルにAを入れ、手でひと混ぜする。バターを加えて指先でつぶしながら混ぜ、ほろほろのそぼろ状にする（すべてをフードプロセッサーに入れ、攪拌しても良い）。

2. 冷えたバターミルクの半量を加え、指先でぐるぐると混ぜ、水分を粉全体に行き渡らせる。

3. 残りのバターミルクも様子を見ながら加え混ぜ、まだ粉気が少し残るくらいの状態で下準備したくるみを加えて、全体のまとまりが良くなってきたら、カードでボウルの内側についた生地も集め、ひとまとめにする。

4. 台に打ち粉（強力粉または中力粉／分量外）をして生地をのせ、上にも少し打ち粉をふる。麺棒で軽く押さえるようにして広げ、直径13〜14cm、高さが3cm程度になるように、丸く成形する。

5. 包丁にも打ち粉をして、放射状に8等分に切る。

6. オーブンシートを敷いた天板に生地を並べ、180℃に予熱したオーブンで25〜30分ほど焼く。途中で天板の前後を返す。

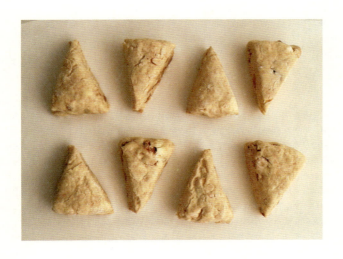

味噌グラノーラ
Miso Granola

　ポートランドで「成林寺味噌」(P.058)のふたりと親しくなって、彼らのお味噌を使って何かお菓子を作りたいと思い考えたレシピ。グルテンフリー、ビーガン対応のグラノーラです。甘じょっぱいテイストがあとを引くおいしさで、甘いのが苦手な方にもおすすめ。ポートランドで開催された発酵食のイベントでお手伝いをしたとき、こちらをお出ししました。そのときは試食のみでしたが、アメリカは、日本以上にそれらの食品を求めている方が多く、多くの方から「これ買えないの！？」「定番商品にしてほしい！」と切望され、現地の方々とコミュニケーションが取れたのは、とても良い思い出になりました。グラノーラは日持ちもするし、ちょっとした食事にもお菓子にもなるので、プレゼントにとても喜ばれると思います。

材料(作りやすい分量)

A
- オートミール … 100g
- アーモンド(ホール) … 40g
- ひまわりの種 … 20g
- ココナッツファイン … 15g
- 白炒りごま … 4g
- きび砂糖 … 20g
- 黒糖(またはココナッツシュガー) … 20g
- 玄米粉 … 20g
- 塩 … ひとつまみ

菜種油 … 20g
味噌 … 15g
豆乳 … 20g
レーズン … 30g
ドライクランベリー … 20g

下準備

・小さなボウルに味噌を入れ、豆乳を少しずつ加えてそのつど混ぜて、豆乳に味噌を溶かしておく。
・アーモンドは、一粒を半分の大きさに切る。

作り方

1. **A**をボウルに入れ、手で全体を混ぜ合わせる。
2. **1**に菜種油を加えて、ゴムベラで全体になじむように混ぜ合わせる。味噌、豆乳を加えて、さらに全体に行き渡るよう混ぜ合わせる。
3. オーブンシートを敷いた天板に、薄く広げる。
4. 150℃に予熱したオーブンで約15分焼く。いったん取り出し、中心部分と端部分を交換するイメージで混ぜる。再びオーブンに戻し、約15分焼く。再び混ぜる。味噌が焦げやすいので、焦げと思われるかたまりを見つけたら、取り除く(焦げが広がるので)。さらに5〜10分ほど焼く。
5. オーブンから取り出し、ドライフルーツを加えて、天板にのせたまま冷ます。

ポートランドで製造されている「成林寺味噌」、手描きパッケージがなごみます。味噌の発酵のうま味が、味わいのアクセントに。

バターミルクパンナコッタ
Buttermilk Panna Cotta

「シェパニーズ」(P.096)でもパンナコッタは人気のデザートで、型からギリギリ抜けるくらいの、とてもやわらかい仕上がりでした。バリエーションも豊富で、ほんのりハーブやスパイスを効かせたり、添えるソースに季節感を取り入れたり。バターミルクのパンナコッタは、ほんのり酸味を感じるので、食後にもスルスル〜と食べられます。

材料（直径9.5cmのババロア型4台分）

A
| 生クリーム … 200g
| 牛乳 … 100g
| きび砂糖 … 40g
| 塩 … ひとつまみ

〈代用バターミルク〉
プレーンヨーグルト … 70g
牛乳 … 30g

ゼラチンパウダー … 7g
水 … 大さじ2

下準備

・小さな器に水を入れ、ゼラチンパウダーを振り入れ、ふやかしておく。
・ヨーグルトと牛乳をよく混ぜ、バターミルクにして冷蔵庫で冷やしておく。

作り方

1 鍋に**A**を入れてゴムベラで混ぜながら、中火にかける。砂糖が溶けてきたらさらにもうひと混ぜして、フツフツするよりも前の段階で火を止めて、ふやかしておいたゼラチンを加え混ぜる。

2 よく混ぜたバターミルクも加えて混ぜ、こし器でこしながらボウルに移し入れる。ひとまわり大きいボウルに氷水を用意し、そこにボウルを当て、とろみがつくまでゴムベラで混ぜる。

3 水で濡らした型に**2**を流し入れ、冷蔵庫で2時間以上冷やし固める。

*りんごの簡単ジャム

りんご1個を薄めのいちょう切りにし、りんご正味の半量の砂糖、レモン汁少々とともに鍋に入れ、中火にかける。沸騰し、少しとろみがついたら、火を止める。型から抜いたパンナコッタに添えていただく。

Recipe 05

チョコレートスタウトケーキ
Chocolate Stout Cake

ポートランドのお気に入りのカフェ「ミルクグラスマーケット」(P.032) で、レジ横にあった真っ黒いケーキ。普通のチョコレートケーキだと思ってオーダーしたら、独特のむっちりした食感にびっくり。後にスタウトは黒ビールの意味で「重曹を使うのも特徴なのよ〜」と、店主のナンシーに教わりました。ポートランドは素晴らしいブリュワリーがたくさんあります。ここにいる間に作ってみたいと、スーパーに行ってスタッフの方に「スタウトビールを探しています」と話すと、親切におすすめビールをいろいろ教えてもらえたのはいい思い出。ポートランドらしい、印象に残るお菓子です。

材料(8.5×21.5×6cmのパウンド型1台分)

卵 … 60g
きび砂糖 … 150g
ヨーグルト … 90g
黒ビール … 110g
無塩バター … 110g
ココアパウダー … 40g
A ┃ 中力粉(または薄力粉) … 140g
　┃ 重曹 … 小さじ1
　┃ コーヒー豆(粉末) … 大さじ1
　┃ 塩 … ふたつまみ

〈チョコレートクリーム〉
セミスイートチョコレート … 80g
生クリーム … 80g

下準備

・パウンド型に菜種油(分量外)を薄く塗り、オーブンペーパーを敷く。
・ヨーグルトはコーヒーフィルターなどに通してひと晩水切りし、45gを用意する。

作り方

1　ボウルに卵を入れて泡立て器で混ぜ、きび砂糖を加えてよくすり混ぜる。水切りヨーグルトも加えて、混ぜ合わせる。

2　小鍋に黒ビール、バターを入れ、中火にかけてバターを溶かす。

3　別のボウルにココアパウダーを入れ、2を3回に分けて注ぎ入れ、そのつど泡立て器で混ぜあわせる。

4　1に3を加え、混ぜ合わせる。

5　Aを2回に分けて加え、そのつどゴムベラで混ぜ合わせる。型に流し込み、170℃に予熱したオーブンで、40〜45分焼く。途中で表面が焦げそうに感じたら、アルミホイルで上面をおおう。生地の真ん中に竹串を刺し、何もついてこなければ焼き上がり。

6　チョコレートクリームを作る。ボウルにチョコレートを入れておく。小鍋に生クリームを入れ、弱火にかける。ふつふつと沸いたらチョコレートに一気に注ぎ、ゴムベラでよく混ぜる。室温に下がり、なめらかなクリーム状になったら、5の表面にトッピングしてでき上がり。

ポートランドのスーパーの店員さんに教わった、コーヒーの風味がするというスタウトビール。

粗熱が取れたら型から取り外し、チョコレートクリームをラフな感じでたっぷりトッピングします。

Recipe 06

ドーナツマフィン
Doughnut Muffin

ポートランドのベーカリーで、ちょくちょく見かけたドーナツマフィン。マフィンの形をしたドーナツだと思っていたので、揚げ菓子と勘違いしていました。そうでないと分かったのが、「テーバーブレッド」(P.022)でお手伝いをしたとき。オーブンで焼いたあと、すぐさま油にくぐらせると、揚げたのと同じような風味になるのです。揚げるよりずっと手軽で、油も余らせることがないので、「これは良い！」と感動。でき立てがやっぱりおいしいです。

材料(直径約6×深さ3.3cmのマフィン型6個分)

- A
  - 中力粉(または薄力粉)…70g
  - 全粒粉…70g
  - きび砂糖…80g
  - ベーキングパウダー…小さじ1
  - 重曹…小さじ1/2
  - 塩…ふたつまみ

- B
  - 菜種油…50g
  - 豆乳…60g
  - りんごジュース…65g

- ココナッツオイル…50g
- グラニュー糖…大さじ3
- シナモンパウダー…小さじ1

下準備

・グラニュー糖とシナモンパウダーは合わせておく。
・マフィン型に刷毛で菜種油(分量外)を塗っておく。

作り方

1. 大きめのボウルに**A**を入れ、泡立て器で軽く混ぜる。
2. 別のボウルに**B**を入れ、泡立て器で混ぜる。
3. **1**に**2**を加え、混ぜ合わせる。
4. マフィン型に生地を流し入れ、180℃に予熱したオーブンで約15分焼く。生地の真ん中に竹串を刺し、何もついてこなければ焼き上がり。
5. 型からマフィンを取り出し(熱いので注意!)、熱いうちに器に入れたココナッツオイルの中につけ、引き上げる。ボウルに入れたシナモンシュガーに移し、ころころ転がしながら全体にまぶす。

ココナッツオイルは20〜25℃を下がると固形化してしまうので、その場合は湯せんなどにかけ、溶かしておきます。

チョコレートクッキー
Chocolate Cookie

2016年の夏にニューヨークを訪れて、ずっと食べてみたかった、厚みのあるスコーンみたいなクッキーを街角で興奮しながらほおばりました。アメリカンクッキーといえば、大判で薄く広がっていて、「ねっちり」が定番ですが、これはNYで食べたクッキーに近づけたくて、クッキーとスコーンの間のような、食べごたえのあるものに。全粒粉は味わいが増してほっとする感じが好きで、私の好みで加えました。チョコレートは、ぜひ好みのものを使ってください。それでずい分おいしさが変わってきます。

材料(直径6cmのクッキー8枚分)

無塩バター … 100g

A
- 砂糖 … 70g
- 黒糖 … 20g
- 塩 … ひとつまみ

卵 … 55g

B
- 中力粉(または薄力粉) … 100g
- 全粒粉 … 90g

ビターチョコレート … 90g
くるみ … 45g

下準備

- バター、卵は室温に戻しておく。
- くるみは、150℃のオーブンで15分焼き、4等分に切る。
- チョコレートも、くるみと同じサイズくらいに切る。

作り方

1. ボウルにバターを入れ、クリーム状になるまで泡立て器でよく混ぜる。
2. Aを加え、さらに混ぜる。卵を3回くらいに分けて加え、そのつど混ぜる。
3. Bを加え、ゴムベラで切るように練らないように混ぜる。チョコレートとくるみを加え、全体に行き渡るよう混ぜる。
4. 生地を8等分にして、軽く丸めて、オーブンシートを敷いた天板にのせる。170℃に予熱したオーブンで20〜25分焼く。

ブランマフィン
Bran Muffin

ブランとは小麦の皮の部分のことで、とても栄養価が高く、食物繊維、鉄分、カルシウム、マグネシウムが豊富。腸の活動も活発にしてくれるので、ぜひ取り入れたい食材です。アメリカではこのブランを使ったお菓子をよく見かけます。デーツやブルーベリー、ココナッツなど、お店によってちょっとずつ具材が違うのも、気にして食べると楽しいものでした。でき立てがいちばんおいしいので、なるべく早めに食べることをおすすめします。

材料（直径約6×高さ3.3cmのマフィン型5個分）

ブラン(小麦ふすま) … 50g

<代用バターミルク>
　プレーンヨーグルト … 80g
　牛乳 … 40g

卵 … 1/2個（30g）

A ｜ きび砂糖 … 50g
　　｜ 塩 … ひとつまみ

菜種油(または溶かしバター) … 35g

B ｜ 中力粉(または薄力粉) … 70g
　　｜ ベーキングパウダー … 小さじ1
　　｜ シナモンパウダー … 小さじ1/2
　　｜ 重曹 … 小さじ1/2

ドライいちじく … 50g

下準備

・ボウルにブランを入れ、ヨーグルトと牛乳を混ぜた代用バターミルクを加え混ぜて、ひと晩もしくは30分以上置き、ブランをしっとりさせておく。
・ドライいちじくは、食べやすい大きさに切る。
・マフィン型にマフィンカップを敷く。

作り方

1 ボウルに卵を入れて泡立て器で混ぜ、ほぐれたら**A**を加え、溶けるまで混ぜる。さらに菜種油を加え、混ぜる。

2 しっとりさせたブランを加え、混ぜ合わせる。**B**をふるい入れ、ゴムべらで練らないように混ぜ合わせ、いちじくも加えて混ぜ合わせる。

3 型に**2**をスプーンですくって入れる。190℃に予熱したオーブンで20〜25分焼く。竹串を刺し、何もついてこなければ焼き上がり。

磯谷仁美 | Hitomi Isotani

1973年大阪生まれ。大阪のカフェ「カンテ・グランデ」でケーキ作りを始め、家族で営む飲食店「Bwa(ビワ)」でデザート製作を行う。レストラン＆カフェ「ナチュラルハーモニー」のデザート担当として上京。2005年、焼き菓子ブランド「歩粉(ほこ)」を立ち上げ、お菓子のイベント販売や通信販売を開始。2006年10月に東京・恵比寿にデザートのお店「歩粉」をオープン。焼き菓子好きな人々に、圧倒的な支持を受けるも、2015年2月に惜しまれつつ閉店。その後、アメリカンベイキングを学ぶため渡米し、「シェパニーズ」でインターンシップを経験するなど知見を広める。帰国後、2018年秋オープンに向けて新店舗の準備中。著書に『「歩粉」の焼き菓子レシピノート』(主婦と生活社)、『朝食おやつ』(文化出版局)がある。

文・写真	磯谷仁美
デザイン	鳥沢智沙 (sunshine bird graphic)
地図製作	飯田将平
編集	田中のり子
協力	Earnest & Yuri Migaki、Loly LeBlanc、Yukiko Zisa、小川純一、Mami Raske、井出裕輔、井出彩海、古川陽子 (Travel Portland)

スイーツとオーガニックフードを楽しむ
歩粉のポートランド＆バークレー案内

NDC295

2018年4月18日　発行

著者	磯谷仁美
発行者	小川雄一
発行所	株式会社誠文堂新光社
	〒113-0033
	東京都文京区本郷3-3-11
	〈編集〉電話：03-5800-3614
	〈販売〉電話：03-5800-5780
	http://www.seibundo-shinkosha.net/
印刷	株式会社大熊整美堂
製本	和光堂株式会社

©2018, Hitomi Isotani.
Printed in Japan

検印省略
禁・無断転載
落丁・乱丁本はお取り替えいたします。

本書に掲載された記事の著作権は著者に帰属します。
これらを無断で使用し、展示・販売・レンタル・講習会等を行うことを禁じます。

本書のコピー、スキャン、デジタル化等の無断複製は、著作権法上での例外を除き禁じられています。
本書を代行業者等の第三者に依頼してスキャンやデジタル化することは、たとえ個人や家庭内での利用であっても著作権法上認められません。

JCOPY
〈(社)出版者著作権管理機構 委託出版物〉
本書を無断で複製複写(コピー)することは、著作権法上での例外を除き、禁じられています。本書をコピーされる場合は、そのつど事前に、(社)出版者著作権管理機構(電話 03-3513-6969／FAX 03-3513-6979／e-mail : info@jcopy.or.jp)の許諾を得てください。

ISBN978-4-416-51836-6